リモートワークの日本語
—最新オンライン仕事術—

石黒 圭
Kei Ishiguro

JN018777

小学館新書

はじめに

対面コミュニケーションの革新

二〇二〇年春のコロナ禍を機に、リモートワークが急加速しました。在宅ワークをはじめとするリモートワーク自体は、新型コロナウイルスの流行とは無関係に、着々と進んでいましたので、フリーランスの方は「何を今さら」という思いを当時抱かれたと思います。しかし、在宅ワークなど想像したこともなかった人が、在宅ワークの大波に次々に巻きこまれていったことで、歴史の時計の針が大きく進んだことは疑いありません。そして、一度進んだ時計の針は、もう元には戻らず、私たちはリモートワークという時代の流れに、良し悪しの価値観にかかわらず、適応することが求められています。

リモートワークという働き方は、オンライン仕事革命とでも呼べる、業務スタイルの大きな変革をもたらしました。それによって、オンラインをつうじて仕事をすることが、これまでの働き方と似て非なるものであることを私たちは痛感させられたのでした。

　それが、とくにはっきり現れたのは、対面コミュニケーションです。ディスプレイをまえに仕事をすることにはすでに慣れていた私たちですが、仕事仲間とのコミュニケーションを、ディスプレイをつうじて行うことにはまだ慣れていませんでした。しかし、コロナ禍をきっかけに、Ｚｏｏｍをはじめとする Ｗｅｂ会議システムが導入され、会議や打ち合わせなどをＷｅｂ会議システムで頻繁に行うようになり、私たちの仕事の姿は一変します。二次元の空間を共有し、リアルな相手の顔を見ながら行っていたコミュニケーション・スタイルが、二次元のディスプレイに映る相手には通用しないのです。その結果、仕事で思うような成果があがらなくなり、これまで無意識に行ってきた業務上の対面コミュニケーションの意義を原理的に見つめなおす必要が生じました。

　本書は、対面コミュニケーションの最大の意義を、双方向の自由な意見交換にあると考えます。仕事は、自分の作業さえしていればよいものではありません。作業をつうじての他者とのコミュニケーションがあって初めて仕事は形をなすのです。そこで大事なのは、双方向の意見交換です。一方的な報告や指示は、現場の業務改善を妨げ、ヤル気を削ぎ、結果的に仕事の質を下げてしまうことを私たちは経験的に知っています。したがって、仕事の質を高め、維持するためには、双方向の自由な意見交換の場が欠かせません。しかし、Ｗｅｂ会議システムは、双方向の自由な意見交換を妨げる性質を持っています。しかも、その性質は、Ｗｅｂ会議システム自体に起因するものではなく、Ｗｅｂ会議システムに十分に習熟していない私たちの不慣れから生まれてきているようなのです。

そこで、本書では、執筆にあたり、次のような二つの目標を掲げることにしました。

【本書の目標　その一】

双方向で自由な意見交換ができる、Ｗｅｂ会議システムの活用法を提案する。

また、この目標の実現のために、次の二つの工夫を考えることにしました。

【目標実現のための工夫　その一】

・リアルな会議に存在し、Ｗｅｂ会議システムで失われがちな弱点を補う工夫を考える。
・リアルな会議に存在しない、Ｗｅｂ会議システム特有の長所を生かす工夫を考える。

リアルな会議と比較した場合の、Ｗｅｂ会議システムの弱点を補強し、長所を伸ばすことが、本書の一つの柱です。

打ち言葉の登場

Ｗｅｂ会議システムの活用が一つの柱だとすると、オンライン仕事革命における文書改善が本書のもう一つの柱です。

日本語は話し言葉と書き言葉の違いが大きい言語だと言われており、書き言葉を話し言葉に近づける言文一致をどのように進めるかが、日本における言語政策上の一つの課題でありつづけました。そして、二葉亭四迷《ふたばていしめい》・尾崎紅葉《おざきこうよう》・山田美妙《やまだびみょう》らが嚆矢《こうし》となった明治期の言文一致運動、ＧＨＱによって主導された戦後日本の民主化に伴う口語化の動き、高度経済成長期とバブル経済のはざまに生まれ、椎名誠《しいなまこと》・嵐山光三郎《あらしやまこうざぶろう》・南伸坊《みなみしんぼう》らによって主導された昭和軽薄体の隆盛など、それぞれの時代の社会状況と連動して言文一致は進んでいきました。

しかし、バブル経済が終焉《しゅうえん》し、パソコンが普及するようになってから、言文一致をめぐる風景は一変します。社会状況ではなく、ＩＣＴ技術の発展と連動する形で、言文一致が進むようになったのです。いわば、ツールの進化によって支配された言文一致です。

ツールの進化の支配による言文一致を加速させたのは、打ち言葉の登場です。打ち言葉とは、話し言葉と書き言葉の中間形態で、書かれた話し言葉です。今、私は本書の原稿をパソコンのキーボードを打ちながら執筆していますが、それは打ち言葉ではありません。打ち言葉の典型は、パソコンではなく、スマホで書かれた言葉であり、ＬＩＮＥに打ちこまれた言葉をイメージするのが早道です。

しかし、リモートワークが浸透すると、Ｓｌａｃｋのようなビジネス用のチャットはもちろん、パソコンで打つメールであっても打ち言葉に近くなっていかざるをえないことを実感します。打ち言葉の特徴は次の三つにまとめられます。

【打ち言葉の特徴】
①文章が短く、断片的。
②敬語が少なく、カジュアル。
③往復回数が多く、往復時間が短く、会話的。

ひと昔まえの業務メールは手紙の延長であり、文章の長さは長く、一つひとつの文は整っており、丁寧な敬語が使われ、書き出しと結びに定型的な挨拶のある明確な構成を持っていました。つまり、書き言葉に必要な、整ったまとまりを備えていたわけです。

しかし、リモートワークの環境下で、そこまで丁寧な業務メールを送っていたら、自分の身が持ちません。リモートワークを始めると、対面コミュニケーションが減少するぶん、その埋め合わせのために文書によるやりとりを増やさざるをえないからです。私自身、リモートワークを始めたことで、発信するメールの数は倍以上になり、以前のように丁寧なメールを書くことができず、書き言葉的なメールから、打ち言葉的なメールにシフトさせました。

しかし、そこには落とし穴があります。打ち言葉的なメールはトラブルを引き起こすことが多いのです。トラブルは大きく二つに分かれます。一つは、短く、断片的な情報しか書かれていないので、必要な情報が相手に伝わらず、誤解が生じてしまうこと、もう一つは、相手にたいする思いやりが失われ、相手を不快にさせてしまうことです。すなわち、相手にたいする情報面の配慮と感情面の配慮に欠けがちで、信頼関係を損ねやすいのが、打ち言葉的な文書コミュニケーションの落とし穴です。その背後には、自分の文書の宛先となっている読み手の存在が希薄になりがちなメンタリティがあります。

そこで、本書では、執筆にあたり、目標をもう一つ掲げることにしました。

【本書の目標　その二】

・読み手の心にしっかり届く、感じのよい文書の書き方を提案する。

また、この目標の達成のために、情報面と感情面の両面を満たす表現の方法を考えることにしました。

【目標実現のための工夫　その二】
・読み手の誤解を招かない、読み手に優しい情報の伝え方を考える。
・読み手を不快にさせない、読み手に印象のよい感情の伝え方を考える。

本書の二つの目標「双方向で自由な意見交換ができる、Ｗｅｂ会議システムの活用方法の提案」「読み手の心にしっかり届く、感じのよい文書の書き方の提案」は、リモートワーク時代に必須のコミュニケーション技術です。また、この二つの提案の背後には、Ｗｅｂコミュニケーションがもたらす弊害が隠れています。それは、次のような深刻な問題です。

【Ｗｅｂコミュニケーションがもたらす弊害】
・ディスプレイのむこう側に、自分と同じように生きて働く人がいるという実感の欠如。

つまり、オンラインによるコミュニケーションでは、血の通った人間同士が関わって生きているという感覚が失われてしまうのです。リモートワークにおける人間疎外、それがWebコミュニケーションの怖さです。したがって、この人間疎外の問題をいかに解決するかが、Web時代に生きる私たちの課題になるわけです。

本書では、Web会議システムの出席者に主体的な参加を促す試みと、Web上で対峙《たいじ》する読み手の心に適切に届く言葉を選ぶ試み、この二つをめぐる、多岐にわたる具体的な試みを可能なかぎり紹介することをとおし、オンライン・コミュニケーションに人間性を取り戻すことを目指します。

本書はディスプレイのむこう側に気持ちを伝える技術、言葉を届ける工夫を解説しています。とくにWeb会議で自由に意見交換するための26の工夫、メールを中心とした伝わる文書表現のための30の工夫を紹介しました。
本書をより活用していただくため、直観的に構成がわかるように、「見取り図」にまとめました。

【目標❶の実現のために】★第二部で紹介しています。
・リアルな会議に存在し、Ｗｅｂ会議システムで失われがちな弱点を補う工夫を考える。
・リアルな会議に存在しない、Ｗｅｂ会議システム特有の長所を生かす工夫を考える。

会議のルールの工夫

- ホスト権限を相対化する工夫
  - ⑫ホストの権限を弱める
  - ⑬発言権を割り当てる
  - ⑭共同ホストを立てる
  - ⑮小グループ編成にする
  - ⑯「盲点」を補う
- 発言者を共有化する工夫
  - ⑰発言権を確認する
  - ⑱相づちは視線やうなずきで代用
  - ⑲沈黙を破る
  - ⑳長い発話を分割する

会議の環境の工夫

- ㉑議題に応じた声かけ
- ㉒遠隔地の関係者の招集
- ㉓内職の勧め
- ㉔画面共有による共同作業
- ㉕例外を認める
- ㉖ウェビナーによる気楽な参加

1分でわかる『リモートワークの日本語』
～本書の見取り図～

【本書の目標】

❶双方向で自由に意見が交換できる、Ｗｅｂ会議システムの活用法を提案する。

❷読み手の心にしっかり届く、感じのよい文書の書き方を提案する。

会議のメンバーの工夫

- 発言者と参加者の距離を縮める工夫
  - ①視線を向ける
  - ②意識的に手を使う
  - ③デジタル投票の活用
  - ④チャット機能の活用
- 参加者同士の連帯感を高める工夫
  - ⑤雑談ができる環境整備
  - ⑥互いを知る機会としての会議の場
  - ⑦インターネット情報の即時活用
  - ⑧参加者の無音のフィードバック
- 自分自身を孤立させない工夫
  - ⑨リアルな人をそばに置く
  - ⑩自分を見つめなおす
  - ⑪背景の設定にひと手間かける

【目標❷の実現のための工夫】★第三部で紹介しています。
・読み手の誤解を招かない、読み手に優しい情報の伝え方を考える。
・読み手を不快にさせない、読み手に印象のよい感情の伝え方を考える。

読み手に印象のよい感情の伝え方

- **感情の質：礼儀正しさ の工夫**
  - しっかりキャラ
    - ⑲失礼になりやすい敬語
    - ⑳洗練された敬語選択
    - ㉑副詞に表れる気持ち
- **感情の質：親しみやすさ の工夫**
  - わいわいキャラ
    - ㉒宛名に見る人間関係
    - ㉓宛名・名乗り・文面の一貫性
    - ㉔三手の読み
- **感情の量：慎重さ の工夫**
  - じっくりキャラ
    - ㉕「幸いです」表現
    - ㉖言い切り文よりも疑問文
    - ㉗「おかげで」表現
    - ㉘選択肢を示す
- **感情の量：自然体 の工夫**
  - あっさりキャラ
    - ㉙相手の文面に注意を払う
    - ㉚デフォルトは低めに設定する

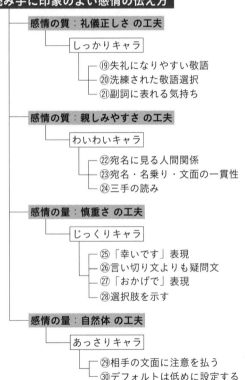

読み手に優しい情報の伝え方

- **情報の質：正確さ の工夫**
  - きっちりキャラ
    - ①類義語を比較検討する
    - ②漢語を使って賢く見せる
    - ③外来語を使って賢く見せる
    - ④否定表現を使って賢く見せる
    - ⑤文脈に合った言葉選び
    - ⑥重言を避ける
- **情報の質：わかりやすさ の工夫**
  - ざっくりキャラ
    - ⑦読み手の知識を想定する
    - ⑧理解に保険をかける
    - ⑨「やさしい日本語」の活用
    - ⑩わかりやすい語を選ぶ基準
    - ⑪「一読必解」できる要素の並べ方
    - ⑫「一読必解」できる節の並べ方
    - ⑬ガーデンパス文を防ぐ
- **情報の量：詳しさ の工夫**
  - たっぷりキャラ
    - ⑭言葉を尽くす
    - ⑮読み手の知識に思いを致す
- **情報の量：簡潔さ の工夫**
  - すっきりキャラ
    - ⑯必須要素を網羅する
    - ⑰作業の目的を伝える
    - ⑱ Twitter で要約法を学ぶ

リモートワークの日本語　目次
最新オンライン仕事術

第二部 ● 対面からオンラインへ──会議のコミュニケーション

＊本書では先行研究を参照した際に、（＊著者の苗字《みょうじ》　発行年）の表示方法で出典を簡潔に示しました。たとえば（＊河合二〇一八）の場合は「河合氏による二〇一八年の論文」を意味します。論文や書籍等の詳細な出典は二四九～二五〇ページの「参考文献」に掲出しました。

第一部
リモートワークを考える

第1章　みんな仕事で悩んでいる

●リモートワーク時代の到来

Ｚｏｏｍの使い方に慣れても

近年、官公庁や企業において、人事関係者のあいだで呪文のように唱えられた言葉があります。それは「働き方改革」です。二〇一八年の六月に成立し、二〇一九年四月から順次施行された一連の労働関係法は、「働き方改革」を推進する目的で作られました。その背景には、働く人たちが、それぞれの事情に応じた多様で柔軟な働き方を自ら選択できるようにしなければ、少子高齢化が進む日本社会はいずれ立ち行かなくなるという政府の危機感がありました。しかし、当時、政府が懸命に旗を振ったにもかかわらず、「働き方改革」は遅々として進みませんでした。働く人たち一人ひとりが「働き方改革」というものに、さほど切迫感を持っていなかったからです。ところが、新型コロナウイルスの流行をきっかけに、あれだけ進まなかった働き方改革が一気に進みました。

その象徴が、Ｗｅｂ会議システムです。緊急事態宣言が発令されるなかで、手探りでリモートワークを始めた私たちが最初にしたことは、自宅のインターネット回線を整え、Ｚｏｏｍ、マイクロソフト チームス（Microsoft Teams）、グーグル ミート（Google Meet）などのＷｅｂ会議システムのアプリをインストールすることでした。これまで遠隔地とのやり取りといっても、せいぜいＳｋｙｐｅで個人的なやりとりをするにすぎなかった私たちが、コンピュータのディスプレイをまえに、慣れない打ち合わせや会議に参加し、同僚と情報を共有するという新たな一歩を踏みだしたのでした。

Ｗｅｂ会議システム自体は機械にすぎません。機械は、使っていれば自然と使い方がわかってきます。当初は、Ｗｅｂ会議システムの操作の仕方に戸惑い、Ｗｅｂ会議システムに接続すること自体が一苦労だった私たちも、機械の操作を何度か試しているうちに使い方を自然と習得していきました。

しかし、まもなく、私たちはＷｅｂ会議システムのほんとうの困難に直面するようになります。それは、Ｗｅｂ会議システムを使った会議に実感がなく、遠い世界で起きていることのようであり、その会議から実のある成果がなかなか得られないという現実です。背後には、バーチャルな世界でのコミュニケーションの難しさという課題が横たわっています。つまり、Ｗｅｂ会議システムをつうじてのコミュニケーションをどのように行えばよいのか、ホストも参加者もわからず、いまだに試行錯誤の状況が続いているのです。

私たちにとって難しいのは、機械としてのツールの使い方ではなく、ツールを使ったコミュニケーションです。したがって、本書で考えたいテーマの一つは、「はじめに」でも述べたように、Ｗｅｂ会議システムを使って「生きたコミュニケーション」を成立させていくには、何をすればよいかです。その方法がわかれば、私たちのリモートワークの環境は今よりもずっと快適なものになるでしょう。

「働き方改革」の意味

コロナ禍によるリモートワーク化の流れは、仕事をめぐる私たちの環境を一変させました。Ｗｅｂ会議システムの参加者の画面では、家のなかを走り回る子どもたちの姿が映ったり、年老いた親御さんが話しかける声が響いたりしています。私たちがオフィスではけっして目にすることがなかった同僚たちのプライベートな生活が、その画面から透けて見えるようになったのです。多様で柔軟な働き方を求めた改革が前提としていた「それぞれの事情」を目の当たりにするようになり、私たちは「働き方改革」の真の意味を知ることになりました。その意味とは、次のとおりです。

【「働き方改革」の意味】

「働き方改革」とは、オフィスはオフィス、家庭は家庭という職住分断の世界から、オフィスと家庭が一続きとなる職住連続の世界に移行し、それぞれの事情に応じて、働ける時間に働ける範囲で働くことである。

そうした「働き方改革」を実現するカギが、Ｗｅｂ会議システムをはじめとするインターネット環境の活用にあることを、私たちは新型コロナウイルスの世界的な流行のなかで痛感させられたのでした。

本書は、インターネット環境の疑似対面コミュニケーションを実りあるものにするために、言語研究者の立場から現状を細かく分析し、Ｗｅｂコミュニケーションの改善を提案するものです。とくに、第一の対象読者として考えたのは、こうしたＷｅｂコミュニケーションにまだ慣れていない方々です。具体的には、次のような方々を想定しています。

【本書の対象読者　その一】

①**不本意な在宅ワーカー**…在宅ワークなどするつもりはなかったのに、仕方なく在宅ワークをするはめになった方。

②**在宅ワーカー担当者**…自身はオフィスワーカーだが、業務の関係上、在宅ワーカーと協力して仕事をする必要のある方。

③**新規テレワーカー**…新社会人、あるいはフリーランスとしてオンライン空間のなかで働きはじめたいと思っている方。

④**リモートワーク初心者**…リモートワークを始めて間もなかったり、パソコンなどの操作が苦手だったりして、壁に突き当たっている方。

本書の筆者である私も、在宅ワークなどするつもりはなかったのに、コロナ禍によって仕方なく在宅ワークをするはめになった①「不本意な在宅ワーカー」であり、緊急事態宣言の終了後、オフィスワークに復帰したものの、在宅ワークを続けていた非常勤職員のサポートを続けた②「在宅ワーカー担当者」です。また、新社会人として働きはじめる方のオンライン面接をした③「新規テレワーカー」担当者ですし、いまだにコンピュータ・リテラシーが低くICT機器の操作が苦手な④「リモートワーク初心者」です。よって、本書は、私と同じような境遇にある方々にエールを送るのが、第一の執筆動機です。

●リモートワークと文字コミュニケーション

オフィスに行かない働き方

しかし、こうした社会的な動きは、冒頭で述べたように、水面下ではすでに着々と進行していました。ＩＣＴ機器を活用すれば、インターネット環境にどこでも接続できるため、オフィスという場所や、出勤・退勤という勤務時間に拘束されない柔軟な働き方であるリモートワークに従事する人はすでにかなりの数にのぼっています。

本書を手に取ってくださった方のなかにも、コロナ禍といった外発的動機ではなく、広い意味でのリモートワーカーとしてオフィスに行かない働き方を自覚的に選びとった方はかなりいらっしゃると思います。本書では、こうした方々を第二の対象読者として想定しています。たとえば、次のような方々です。

【本書の対象読者　その二】

⑤フリーランサー…フリーランスとして仕事をし、必要があれば外出するものの、基本的に自宅を仕事場にしている方

⑥ノマドワーカー…ゆったりしたカフェのような、Ｗｉ－Ｆｉ環境のあるところなど、一つの仕事場に固定せず、自由に働いている方

⑦兼業クラウドワーカー…平日の昼間はオフィスワーカーとして、平日の夜や休日はク

ラウドワーカーとして働いている方。

こうした方々はＷｅｂ会議システムでのやりとりには慣れており、ある程度のコミュニケーション・スキルを身につけているのですが、それとは異なる問題を抱えています。それは、文字による日本語コミュニケーション能力です。

リモートワークをする場合、もちろん、緊急であれば電話を使いますし、会議や面談の必要があればＷｅｂ会議システムも使います。しかし、コミュニケーションの多くは文字に依存しています。オフィスワーカーであれば同僚と会って話をする機会も多く、音声によるコミュニケーションがベースになっているのですが、リモートワーカーの場合、文字によるコミュニケーションがベースになっています。

とくに、フリーランサーの場合、同僚と呼べる特定の業務パートナーがいないのがふつうですし、同僚が存在しても、付き合いは相対的に希薄なのが現実です。付き合いのある特定の取引先を複数かけもたないと生活が成り立ちませんし、なかには継続的な特定の取引先を持たず、クラウドワーカーとして不特定多数の企業が発注する業務を次から次へと引き受け、仕事が終わればそれで終わりというドライな業務形態を好む人もいます。このように、フリーランスでのワークは希薄な人間関係のなかで行われ、相手の担当者の名前も顔も知らず、文字だけのコミュニケーションで仕事が完結することもまれではありません。そこでは、文字情報が相手の人柄を知るすべてとなります。

しかし、文字によるコミュニケーションは、音声による対面のコミュニケーション以上にトラブルがつきものです。まず、自分の書いたことが相手に理解されない、反対に相手が書いてきたことが自分に理解できないという情報伝達上のトラブルが日常的に起きますし、相手を怒らせてしまったとか、相手の言葉に不信感を覚えたとかいう感情的なトラブルが頻発するのも、文字コミュニケーションの特徴です。

したがって、本書の第二の執筆動機は、リモートワークが広がるなか、良好な人間関係を保ちつつ、自分の伝えたいことを的確に伝えられる文字コミュニケーションを成立させるために、どうすればよいかをお示しすることです。

クラウドソーシングのビジネス文書

私自身は、東京都立川市にある国立国語研究所に勤務する日本語研究者ですが、二〇一五年の一〇月にＣＩＡＪ（一般社団法人 情報通信ネットワーク産業協会）で講演をしたとき、参加者の一人である㈱富士通の熊野健志氏に声をかけられたのをきっかけに、クラウドソーシングの日本語を研究する研究会を発足させ、毎月研究会を開催するようになりました。

その後、「クラウドソーシングを用いたビジネス文書のわかりやすさの言語学的研究」という科学研究費を取得し、ＡＩの先端的研究で知られる㈱富士通研究所、クラウドソーシング業界最大手の㈱クラウドワークスとそれぞれ協定を結び、クラウドソーシングのビジネス文書の研究を本格化させました。

クラウドソーシングは、企業をはじめとする発注者がインターネット上で不特定多数の人々（クラウド）に業務を発注する外部委託（アウトソーシング）の業務形態です。クラウドソーシングのサービスは、クラウドワークス社やランサーズ社などによって運営されており、クラウドワークス社の場合、クラウドワーカーの登録者数は三〇〇万人に達していると聞きます。

クラウドワーカーが仕事を探す場合、求人情報の画面に行くことになりますが、そこには無数の求人情報が並んでいます。しかし、それを眺めてみると、多くの受注希望者が集中する求人と、まったく受注希望者が集まらない求人に、二極分化していることに気づきます。閑古鳥が鳴いている求人は、金銭面や内容面の条件が悪い場合もありますが、同種の条件であっても、受注希望者の数に差がつくことも少なくありません。求人情報を読めば、その理由がすぐにわかります。それは、求人情報の文面に書かれた日本語の差です。発注能力の高い人が書いた求人情報は、業務で何を求めているかがすぐにわかり、また、感じのよい文体で書かれているので、やってみたいという気にさせられます。一方、発注能力の低い人が書いた求人情報は、仕事の内容があいまいでわかりにくく、また、上から目線の文体で書かれているので、応募する気が起きないのです。つまり、オンラインで仕事をする場合、ビジネス文書のライティング能力が何より求められるのです。

国立国語研究所と㈱富士通研究所は、一一万件を超えるクラウドソーシングの発注文書を分析し、どのような発注文書が多くの受注希望者を集めるのか、また、どのような発注文書が読み手に悪い印象を与える悪文になりやすいのかを明らかにしました。その成果は、『ビジネス文書の応用言語学的研究―クラウドソーシングを用いたビジネス日本語の多角的分析―』（石黒圭編、ひつじ書房）という論文集にまとめられています。その論文集の内容は専門的ですが、示唆に富んだ指摘を数多く含みますので、本書でも、そうした専門的な研究成果をできるだけかみ砕いて紹介し、リモートワーカーのビジネス文書の日本語の面での問題点と改善法について、本書の後半、第三部でお示ししたいと考えています。

第2章　仕事のコミュニケーション技術

●仕事の定義

リモートワークの壁

仕事の形は、時代とともに変わります。大正時代から第二次世界大戦が終わるまで、農業や漁業などの第一次産業が約半分で、製造業や建設業などの第二次産業と、サービス業や情報産業の第三次産業で残りを分けあうという構図が続いていました。しかし、高度経済成長期とともに第三次産業が急速に増えつづけ、現在では七割前後が第三次産業、二五％前後が第二次産業、残りの五％前後が第一次産業という構図になっています。したがって、現在の仕事のイメージは、第三次産業を中心に、第二次産業を含んだものということになるでしょう。

しかし、戦後の仕事をめぐる風景は、昭和、平成、令和とでは大きく異なります。昭和の時代は、手書きやワープロ、電話や手紙、対面の会議で、主に仕事は行われていました。平成の時代に移り、キーボードの付いたＰＣ、Ｅメールや電子ファイル、メール会議などが加わり、仕事を取り巻く環境は一変しました。さらに、令和に入ると、コロナの影響によって、労働者の移動や対面の機会が減り、スマホやタブレット、チャットやクラウドサービス、Ｗｅｂ会議といったオンラインツールが全盛の時代になっています。

【昭和・平成・令和の仕事の風景】

	情報の入力	情報のやりとり	会議の形態
昭和	手書きやワープロ	電話や手紙	対面の会議
平成	キーボード付きＰＣ	Ｅメールや電子ファイル	メール会議
令和	スマホやタブレット	チャットやクラウドサービス	Ｗｅｂ会議

こうした時代の変化は必然であり、私たちもこの時代の流れに抗うことは困難で、ついていくしかないのですが、すぐに適応できるわけではないのが、私たち人間の現実です。

たとえば、Ｅメールを例に取りましょう。Ｅメールが普及する以前は、電話回線を使ったパソコン通信に好事家がのめりこんでいたぐらいでした。ところが、インターネットの普及によって、@gmail.com、@yahoo.co.jp、@hotmail.com、@icloud.comなどの無料メールの活用が広がり、多くの人がメールをビジネスの場面でもプライベートな場面でも使うようになりました。しかし、メールがこれだけ使われるようになっても、決まったスタイルがあるわけでもなく、個々人が不安を覚えながら、見よう見まねでメールを書いているのが現状です。つまり、ツールの普及自体は速いのですが、そのツールを使ったコミュニケーションのスタイルが確立・定着するのに、かなりの時間がかかるのです。

こうしたことは、Ｅメールにかぎりません。Ｗｅｂ会議システムやチャット、ＬＩＮＥなど、新しいツールが出てくるたびに、それに接する多くの人がつまずきを覚えます。こうした現状に鑑み、リモートワーク時代における業務上のコミュニケーションに困難を抱えている方々に、役立つ情報を提供したいと考えています。

仕事とは何か

本書では、リモートワーク時代の業務上のコミュニケーション技術を考えますが、その前提として、リモートワークか否かにかかわらず、そもそも仕事とは何か、仕事をめぐるコミュニケーションとは何かを最初に考えておく必要があるでしょう。

私たちは、経済的な存在で、仕事をしなければ収入が得られず、生活することができません。しかし、仕事とは何かという大上段に振りかぶった質問をされても、すぐに答えるのは難しいでしょう。いったい仕事とは何でしょうか。私が考える仕事の定義は次のとおりです。

【仕事の定義】
仕事とは、決めたことを、協力して作業し、成果を出す営みである

つまり、「決める」「協力して作業する」「成果を出す」という三つが、仕事にとって必要な条件です。もちろん仕事は経済的利益を出す営みですが、話を複雑にするのを避けるため、そこは割愛し、この三つを軸に話を進めることにしましょう。

業務内容を決める

まず、「決める」というのは、何をやるかという仕事の内容を決めることです。単純労働の場合、自分たちで仕事の内容を決められることはまれで、「決まった」あるいは「決められた」内容を言われたとおりにやることも多いかもしれません。しかし、そうした単純労働に携わっている人は、本書を手に取ることは少ないでしょう。

本書を手に取るほどの切実な悩みを持った方の場合、おそらく自分の業務を遂行する場合、会議や打ち合わせに参加される機会が多いと考えられます。もちろん、会議や打ち合わせの主導権や決定権を持っている方は多くはないかもしれませんが、ある仕事に携わる以上、次に示す「開発」「応募」「投資」「求人」「改善」のような、仕事で成果を出すことにつながる多様な提案を行う機会はあるでしょう。

【業務上の多様な提案】

①**開発**……自分の提案で新しい魅力的な商品を開発したい
②**応募**……自分の部署から官公庁等のこんな募集に応募したい
③**投資**……自分の判断で関連会社の魅力的な事業に投資したい
④**求人**……自分の働く現場に必要な人を採用したい
⑤**改善**……自分の職場の効率が悪いので作業方法を改善したい

こうした提案が会議の場で、あるいはメールなどのやりとりで検討されて決定されれば、それが正式な業務として動きだします。もちろん、提案したことがかならずしも採用されるとはかぎりませんが、自分が会社のためになると考えた内容を会議で通したいというのは、業務担当者の共通の願いでしょう。この「決める」、すなわち決定のプロセスに参与し、決定にこぎつけるためには、周到な計画を立て、それを他者に説得する高いコミュニケーション技術が必要です。

協力して作業する

次に、「協力して作業する」というのは、決められた計画に基づき、最終的によい成果が得られるように段階的に作業を進めることです。その作業の過程で大事なのは、他者との協力です。他者との協力は、同僚とのチームワークと、上司や依頼主への「報連相」の二つに分かれます。

仕事をする場合、一人だけで作業をすることもあるでしょうが、チームで作業することも少なくありません。チームで作業をする場合、互いに得意な作業を進んで行い、不得意な作業を得意な同僚にフォローしてもらうチームワークが求められます。プレゼンテーションの資料を作る場合、自分自身がパワーポイントのスライドの大枠を作るにしても、分業することでより質の高いものが作れます。データ加工が得意な人に一目でわかる表やグラフを作成してもらったり、装飾の得意な人に効果的で見栄えのよいアニメーションを挿入してもらったり、文書の校閲が得意な人にミスがないように確認してもらったりするとうまくいくわけです。

協力にさいしては、同僚とのチームワークという水平的な関係だけでなく、上司や依頼主との報告・連絡・相談という垂直的な関係も欠かせません。いわゆる報連相なしにいきなり成果を出しても、その成果が見当違いのものであれば、行った作業とかけた時間が無駄になってしまいます。作業の過程で、求められる成果にむかって確実に進んでいるかどうか、その仕事の成果にもっとも強い関心を持つ上司や依頼主といった周囲の人との確認と調整が必要で、そこでもまた、高いコミュニケーション技術が必要となります。

【業務上の協力作業】

協力の相手	協力の関係	協力の意義	協力のポイント
同僚	水平的な関係	得意分野を生かした助け合い	チームワーク
上司・依頼主	垂直的な関係	成果に直結する道筋の確認	報連相

成果を出す

仕事の最終目的は成果を出すことですが、成果は出せば終わりというわけではありません。まず、成果は、求められる成果でなければなりません。成果を出したとしても、その成果を確認して内容に問題があれば、修正をしたうえで再度提出をしなければなりません。また、その成果が次につながる成果であり、再度の依頼につながる場合もあるでしょうし、それで終わるプロジェクトだったとしても、次の別のプロジェクトのなかで経験が生かされることにつながります。そのためには、事後の評価や改善を検討することもまた、必要なコミュニケーション技術の一つです。

一時期脚光を浴びた「ＰＤＣＡサイクル」はPlan（計画）⇒Do（実行）⇒Check（評価）⇒Action（改善）を回しつづけることで業務の効率化・最適化を図り、改善を図る方法であり、「業務内容を決める」がPlan（計画）、「協力して作業する」がDo（実行）、「成果を出す」がCheck（評価）とAction（改善）に相当します。つまり、このＰＤＣＡの各段階でコミュニケーション技術が必要になるわけです。

●理想の会議

生産性の高いチームの条件

このように、「業務内容を決める」「協力して作業する」「成果を出す」のいずれの段階においてもコミュニケーション技術が求められます。仕事は一見一人でする作業のように見えますが、実際はチームでするものだからです。

そのコミュニケーション技術がもっとも必要とされるのが会議です。会議とは、チーム内で情報を共有する場であり、共有された情報を議論する場であり、議論にもとづいてチームの意思決定を行う場です。仕事が社会的な営みである以上、最初から最後まで自分一人で完結することはありません。そこには、かならずチームが存在します。したがって、私たちは仕事をするうえで、理想のチーム、理想の会議をイメージしておく必要があるわけです。では、理想のチーム、理想の会議とはどのようなものなのでしょうか。

私たちが、生産性の高い理想のチームとしてイメージするのは、次のチームのいずれかではないでしょうか。

【生産性の高いチームのイメージ（思いこみ）】

①高い統率力……強いリーダーがいて、高いリーダーシップを発揮するチーム
②個々の能力……個々の能力が高くて、互いに切磋琢磨しているチーム
③親密な関係……仲が良くて、プライベートまで互いに知っているチーム

しかし、これらは単なる思いこみで、実際はそのどれでもないのだそうです。従業員は一人よりもチームで仕事をしたほうが高い成果をあげると考えるＧｏｏｇｌｅ社が、「全体は部分の総和に勝る（The whole is greater than the sum of its parts.）」というアリストテレスの言葉を引用しつつ、「アリストテレス・プロジェクト（Project Aristotle）」を推進し、「Ｇｏｏｇｌｅ社でチームの生産性を高めているものは何か（What makes a team effective at Google?）」を突き詰めていきました。

このプロジェクトが明らかにしたことは、チームが高い成果をあげるのに重要なのは、

そのチームに誰がいるかではなく、チームが共同で仕事をしているかどうかにありました。つまり、チームワークが生産性向上のカギとなっていたのです。そして、チームワークを発揮するために何が重要か、重要度で並べると、次の五つになるのだそうです（The Google re:Work team）。

【生産性の高いチームの条件】

①心理的安全性（Psychological safety）
②信頼感（Dependability）
③役割・計画・目標の透明性（Structure and clarity）
④働く意味（Meaning）
⑤インパクト（Impact）

私自身は理想のチームを考えるとき、②「信頼感」、③「役割・計画・目標の透明性」、④「働く意味」の三つを重視するようにしてきました。その理由は、「決める」「協力して作業する」「成果を出す」という仕事の三段階にこの三つが対応するからです。

「決める」ときに重要なのは、④「働く意味」、すなわち現場の人のやりがいです。自分の仕事にやる価値を見いだして、人は初めて本気になります。現場の人が渋々やらされた仕事の成果は、けっしてよいものにはなりません。現場の人がやりがいを感じ、やる気になって初めて、仕事は大きな成果を達成します。

「協力して作業する」ときに重要なのは、②「信頼感」です。人は毎日機嫌よく生きているわけではありません。ふだんは関係が良いと考えていた同僚から「えっ」と思うようなことを言われたり、自分のことを評価してくれていると思っていた上司から「それはないでしょ」と思うようなメールを受け取ったりするものです。しかし、そうした一時的なことで相手の印象が突然悪くなり、相手のことを責めたてるようでは、良好な人間関係は保てません。今日はたまたま虫の居所が悪かったのだろうとか、きっとどこかで誤解が生じたのだろうなどと考えられるのは、日ごろの「信頼感」のたまものです。自分が相手のことを悪く受け取らず、相手も自分のことを悪く受け取らないと確信する「信頼感」があれば、人は周囲の仲間の失敗をカバーできるでしょうし、また、周囲の仲間も自分の失敗をカバーしてくれ、チームワークが格段に向上します。

「成果を出す」ときに重要なのは、③「役割・計画・目標の透明性」です。人は無駄な仕事をするのが嫌いな生き物です。無駄な仕事は、「成果を出す」ための方向性が不透明なときに起こります。この仕事を何のためにやるのかがわからないとき、人は力を発揮できません。無駄な会議は方向性が見えない会議であり、議論のための議論ほど、虚《むな》しいものはありません。結果を出すために何をすべきかという建設的な議論であれば、参加者はきっとその会議に貢献しようと、優れたアイデアを競って出そうと努力するにちがいありません。

⑤「インパクト」も、働く意欲と大きく関わることは容易に想像がつきます。毎日が同じ仕事の繰り返しだと、どうしてもモチベーションは下がります。日々新鮮で刺激的な大きなプロジェクトに関われると、やってみようというチャレンジングな気持ちが湧きたちます。独創性が求められる私のような研究職の人間は、自分のやることの社会的影響力をつねに意識して仕事に取り組んでいます。

このように、②「信頼感」、③「役割・計画・目標の透明性」、④「働く意味」、⑤「インパクト」の四つはよく理解できるのですが、もっとも重要だとされる①「心理的安全性」だけはよくわかりません。「心理的安全性」とは、いったいどのようなものなのでしょうか。

「心理的安全性」とは、「そんなことも知らないの？（ignorant）」「使えないヤツだなあ…（incompetent）」「それって後ろ向きじゃない？（negative）」「少しは空気読めよ！（disruptive）」と思われかねないようなマイナスなことを口にできるチームの雰囲気のことです。この「心理的安全性」を持つチームは、「誰かがミスを認めたり質問をしたり新しいアイデアを口にしたりすることを、他の誰かが恥ずかしいと思わせたりとがめたりすることはないとメンバーは確信し（They feel confident that no one on the team will embarrass or punish anyone else for admitting a mistake, asking a question, or offering a new idea.）」、安心して自由に発言できるとされています。

河合薫氏の大胆な要約（＊河合二〇一八）によれば、次のようになります。

要するに、ものすごく平たく言えば「失敗を素直に言えるチーム」。

「こんなことを言ったら上司に叱られるのではないか？」

「こんな意見では同僚からバカにされるんじゃないか？」

「もっと立派なことを言わなきゃいけないんじゃないか？」

そういった不安をチームメンバーが抱かない空気があるチームだ。

強いリーダーがいる必要も、個々の技量が高い必要も、メンバーが和気あいあいとする必要もありません。ポジティブなことでも、ネガティブなことでも、何を口にしても大丈夫という自由な雰囲気が高い生産性を生みだすのです。

理想の会議の条件

会議の規模は大小さまざまで、何十人も集まるものから、打ち合わせ・ミーティングと呼ばれる数名（ときには二人）のものまであります。本書では小規模の打ち合わせ・ミーティングも含めて会議と考えます。

もちろん、すべての会議が悪いわけではなく、会議によって好き嫌いが分かれます。一般に、評判の良い会議は、自分が参加する意味のある会議、評判の悪い会議は、自分がただその場にいるだけの会議です。

会議の議事は通常、報告と議題の二本柱からできています。報告はチーム内の情報共有、議題はチーム内の意思決定のために行われます。この二つがそろって初めて、参加する意味のある会議になります。

出るのが苦痛な会議の典型は、議題がなく、報告だけの会議です。報告は、質問をのぞいて報告者以外に話す機会はなく、一方的に聞かされるだけです。参加者には原則発言の機会は与えられず、ひたすら聞くだけの我慢大会の時間が続きます。それだったら、会議という名目で一定時間拘束するのではなく、報告内容を文書にまとめてメールの添付ファイルで送ってもらったほうが、時間のあるときに目を通すだけで済むので助かります。

議題のある会議であっても、聞くだけの会議は存在します。たとえば、発言者がいわゆる偉い人にかぎられ、それ以外の参加者が発言しにくい会議です。そんな会議でかりに挙手をして意見を言ったとしても、周囲から白い目で見られ、それ以降その会議での居心地が悪く感じられるようになります。また、そもそもオブザーバーとしての参加しか認められておらず、議題の決定に関わることができないケースもあり、肩身の狭い思いをする参加者もいるでしょう。

人間は、与えられた場所で主体的な役割を担い、周囲から主体的な参加を期待されて初めて力を発揮できる生き物です。会議の定足数を満たすため、情報を漏れなく伝えたというアリバイを作るために招集され、ただ黙って座っていることを要求されることほどつらいことはありません。こうした会議は、理想の会議とは対極にあるものです。

それでは、理想の会議とはどのようなものでしょうか。それは建設的な会議です。参加者一人ひとりの個性に合った役割が与えられ、自由に考えて発言でき、その発言が意思決定のプロセスに関与し、出てよかったと思える会議。自分の発言が評価されるだけでなく、その発言が他者に拾われて予期せぬ展開を見せたり、さらに他者の大胆な発言に触発されて自分のなかに独創的な発想が湧きあがったりして、議論が複雑に絡みあいながらも、最終的に望ましい結論に収斂《しゅうれん》していく会議。それが建設的な会議です。

建設的な会議では、「生きたコミュニケーション」が展開されます。何を言っても大丈夫という①「心理的安全性」、自分の言うことが悪く受け取られないという②「信頼感」、望ましい結論を目指して議論を戦わせる③「役割・計画・目標の透明性」、出席者が参加の意義を実感できる④「働く意味」、大きな成果につながる⑤「インパクト」が、建設的な会議の条件です。

ディスカッションの談話を分析した胡方方氏は、実りのある話し合いには、「否定」「要求」「整理」の三点セットが欠かせないと説きます（＊胡二〇一八）。そのうち、「否定」が重要だというのは、一見、意外な指摘に映ります。人は自分の意見を否定されると、自己を否定されたように感じ、本能的に反発するからです。もちろん、頭ごなしの否定や、否定のための否定は、健全な議論の芽を摘みとります。しかし、①「心理的安全性」や②「信頼感」のあるなかでの「否定」はかならずしもマイナスになりません。イエスマン同士の議論は何も生みだしませんが、「さらによいものにしたい」という思いが「否定」という形でぶつかりあうと、そこに新しいものが生まれる可能性があるのです。否定した側は、否定された側の提案を越える新たな代替案を示さなければなりませんし、否定された側は、自分の提案を守るためにエビデンスを示したり、自分の提案を微修正する案を示したりしなければなりません。そして、否定した側の提案と否定された側の提案が絡まりあうなかで、元の提案はより強固なものへと姿を変えていくのです。

実りある会議に必要な「要求」もまた、かなり強い表現かもしれません。議論をしていると、詳しい説明や具体例を要求されたり、根拠や数字を要求されたり、目的や結論を要求されたりします。しかし、そうした要求に応えていくなかで、その提案を背後で支える有機的なつながりが見えてきます。こうした「要求」、いわば厳しいツッコミは、相手の提案にたいする興味の証であり、提案者に力を与えてくれるエールでもあります。提案者にとってつらいのは、「否定」や「要求」、すなわち反発や厳しいツッコミではなく、「無視」、すなわち沈黙のなかでスルーされることなのです。

しかし、こうした「否定」や「要求」の背後には、何を言っても大丈夫という①「心理的安全性」、自分の言うことが悪く受け取られないという②「信頼感」、この二つを満たす雰囲気作りが重要です。何を言っても肯定的に受け入れられる会議の雰囲気が、「否定」や「要求」の威力を引きだす条件になっています。その役割を担うのが、リーダーの「整理」の力です。リーダーシップとは、自分の意見で周囲をぐいぐい引っ張る力ではありません。参加者から出される意見をすべて肯定的な議論に結びつける交通「整理」の力です。

すでに述べたように、本書の一つめのテーマは、Ｗｅｂ会議システムを使って「生きたコミュニケーション」を成立させていくには、何をすればよいかです。しかし、会議の本質は、リアルな会議であっても、バーチャルな会議であっても変わりません。①「心理的安全性」、②「信頼感」のある雰囲気で参加者が自由に発言し、「否定」や「要求」も含めた「生きたコミュニケーション」のなかで、「整理」の力で徐々に結論を形作ること。それが、建設的と呼ばれる理想の会議の姿です。

そうは言っても、Ｗｅｂ会議システム特有の難しさが「生きたコミュニケーション」を阻害する現象は見られます。とくに、リアルな会議から、バーチャルな会議に移行する過渡期には障害が起きるのがつねです。そこで、第二部では、Ｗｅｂ会議システムを用いてどのように「生きたコミュニケーション」を保障していくのか、その方法を考えます。

第二部

対面からオンラインへ
——会議のコミュニケーション

第3章　話し合いのメンバー

●発言者とのインタラクション

テレビ番組のMCと茶の間の視聴者

Ｗｅｂ会議システムを使ったときに初めて感じ、そして使いつづけている今でも感じるもの。それは、会議のなかに入りこめないという「孤立感」です。

リアルな会議は、面倒なものではありましたが、その場にいるだけで居場所があるという「連帯感」がありました。しかし、バーチャルな会議では、その場にいても話し合いの輪のなかに入っていけない瞬間があります し、会議が終わったあとは独りぼっちであるような「孤立感」が漂うのです。なぜでしょうか。

その理由はおそらく、会議の場の空気を共有していないというところにあります。会議の司会進行役はテレビ番組のＭＣのように画面のむこうで話しつづけ、残りの参加者は茶の間の視聴者のように画面の手前で会議の進行を見るという構図に陥りがちです。つまり、会議の参加者間の距離が遠いのです。ここでは、そうした状況を整理するために、発言者との距離、参加者との距離、自分自身との距離の三つに分けて考えてみましょう。

アイコンタクトする人間

発言者は多くの場合、ホストと呼ばれる司会進行役になりますが、その司会進行役の話は、参加者である自分に向けられているような気がしません。発言者との距離が遠く、会議が、ディスプレイのなかで起きている別世界の現象としてしか感じられないのです。発言者が「テレビのなかの人」になってしまう現象です。

そうした気持ちを起こさせる一つの理由は視線の問題です。Ｗｅｂ会議システムでは、アイコンタクトが起きにくいのです。

人間はほかの動物とは異なる独自の発達を遂げています。それは、白目があるということです。イヌ、ネコ、クマなどには白目は基本的にありません。厳密には隠れているだけで、ペットの動物ではたまに見える動物もいますが、基本的に白目は見えないようにできています。人間に近い霊長類のチンパンジーにしても白目はなく、人間の白目に当たる部分は茶色くなっています。それは、おそらく、外敵に出遭ったとき、どこを見ているのかを外敵にさとられると命の危険にさらされるため、進化の過程でそうなったのでしょう。しかし、人間だけが白目を持っています。外敵にさとられるリスクを負っても、それに勝るメリットがあったと考えられています。それは、アイコンタクトと呼ばれる目によるコミュニケーションです。白目があることで、その人がどこを見て何を考えているのか、言葉がなくても周囲の仲間は察知することができるように人間は進化したのです（Kobayashi & Hashiya 2011）。

しかし、人間が進化させたアイコンタクトの仕組みが、Ｗｅｂ会議システムでは威力を発揮しません。発言者も参加者も目と目を直接合わせることができず、お互いにカメラを見つめることしかできません。ですから、視線が出逢うことがなく、相手に伝えようとするコミュニケーションの力が弱まってしまうのです。

したがって、発言者は、自分がほかの参加者にどのように見えているのかを意識する必要があります。とくに、参加者は自分にむかって語られると感じると、身を入れて聞く傾向がありますので、発言者はＷｅｂカメラをしっかり見つめ、視線を参加者に届かせることが重要です。

じつは、Ｗｅｂ会議システムには、視線という観点からリアルな会議よりも有利な点があります。それは、発言者はすべての参加者にむかって語りかけることができるという点です。リアルな会議では、発言者は顔の向きによって見つめる人が決まりますので、参加者は自分のほうに発言者の顔が向けられないと、自分には関係ないと思ってしまうことがあります。ところが、Ｗｅｂ会議システムでは、Ｗｅｂカメラに視線を向ければ、すべての参加者が自分にむかって語りかけられていると錯覚するのです。したがって、Ｗｅｂ会議システムでの視点の向け方は、リアルな会議以上に重要だということになるでしょう。

【会議の工夫①　はっきり視線を向ける】

・Ｗｅｂ会議システムの場合、発言者の視線は、すべての参加者に同じように見えるため、リアルな会議以上に参加者を見つめて語りかける視線が大事。

とくに、Ｗｅｂ会議システムで気をつけたいのが、Ｗｅｂカメラへの視線の向け方です。ノートパソコンでディスプレイの上部にＷｅｂカメラが装着されている機種の場合、Ｗｅｂカメラに視線を向けたとき、上目遣いになってしまうこともあります。さいわい、Ｗｅｂ会議システムでは自分の視線の方向を自分で確認できますので、しっかり自分が自分を見つめているかどうか、パソコンの置く位置を高くするなど、試行錯誤するとよいでしょう。また、顔があまりに小さいと視線が確認できないので、適度な顔の大きさであること、眼鏡をかけている方の場合は、照明の光を考慮に入れておくことが大事です。レンズに光が反射して視線が確認できないことも多いからです。

こうしたことに、とくに注意が必要なのは面接の場面です。Ｗｅｂ会議システムを使った採用面接も近年増えていますが、面接を受けにくる人の印象を左右するのは、非言語行動（non-verbal behavior）と言われる言語以外の部分です。とくに、視線が面接官に向かっているかどうかで熱意が違って見えるため、面接官の人物評価を高めるためにも、視線が相手にどのように見えているかは、話す内容以上に重要と考え、十分に準備しておく必要があるでしょう。

非言語行動の活用

同時に、視線だけでなく、Webカメラに写っている上半身を効果的に使う意識も必要です。上半身のポイントは、視線以外には、表情、姿勢、手です。

表情は、発言者の場合、緩急が重要でしょう。真剣に伝えて説得を図りたいときは、表情を引き締めて伝えます。あごを引いて、口を大きく開けてはっきり伝える意識が重要です。一方、その場の参加者と和やかな雰囲気を作って共感を高めたいときは、表情を緩めて伝えます。包容力のある笑顔は人を安心させます。無理に笑顔を作る必要はありませんが、表情を緩めることもときには必要でしょう。このように、表情に緩急をつけることで、発言者の意図がより的確に、インターネット越しの参加者に伝わります。

姿勢もまた、画面を通して伝わるものです。イスに深く腰かけてふんぞり返っているように見えるのも印象が悪いですし、語っているうちに身を乗りだしてきて、そこまで画面に近づかれると聞き手が圧力を感じることもあるでしょう。変わらない一定の姿勢で話しつづけるのも、ニュースを機械的に読むアナウンサーのようで、気持ちが伝わりません。

話し手には個性がありますので、自分らしいスタイルでよいと思いますが、話の内容に応じて姿勢を変えるようにするのは、聞き手を飽きさせない一つの工夫です。

必要に応じて、手を使うのも一つの戦略です。人が話していて、気持ちが乗ってきたとき、手は自然に動きます。しかし、Ｗｅｂカメラに向かって話しているときは、手はあまり動かないのがふつうです。目のまえに聞き手がいないので、手を使って自分の気持ちを伝えようという意識が働かず、もっぱら音声に頼ってしまうのです。しかし、参加者は画面を見ながら発言者の音声を聞いています。そこで、意識的に手を使うようにすることで、発言者の思いがより効果的に伝わるようになります。とくに、手のひらを見せるようにすることは、心がオープンな印象を相手に与えることができ、効果的です。

「ポイントが三つあります」と言いながら指を三本立てる、「こちらをご覧ください」と言いながら手のひらで共有画面を指す、「このぐらいのサイズの」と言いながら手で幅を示す、「右肩あがりで伸びていきます」と言いながら手を斜めに上げていくなどの動作は、いずれも参加者を引きこむ意味で効果的です。

【会議の工夫②　意識的に手を使う】

・今話している内容と連動する動作を意識的に手で示すことで、参加者は自然と話の内容に入りこめる。

表情、姿勢、手などの非言語行動はいずれも、聞き手が目のまえにいない状況では、抑制的に働くものです。そのため、発言者はそうした非言語行動を積極的に使うように意識する必要があります。Ｗｅｂ会議では視線に過度に依存してしまいますので、非言語行動を用いて、視線の役割を相対化させてやることが大事です。とくに、採用の面接や営業のプレゼンテーションなどで熱意を伝えたいときは、大げさで嘘っぽくならない程度に、恥ずかしがらずに活用するほうがよい結果を生むでしょう。

なお、ジェスチャーを使う場合、ＺｏｏｍのようなＷｅｂ会議システムで背景を別に設定していると手の動きをＷｅｂカメラはうまく拾えないことがあります。そのため、バーチャルな画像を背景に設定するのは控え、白い壁や書棚など、リアルな背景を映すほうがよいと思います。

Web会議システムの機能の活用

　このように語ってくると、リアルな会議にくらべて、バーチャルな会議のほうが劣っているように思えるかもしれませんが、けっしてそうではありません。私たちの意識がまだWeb会議システムに慣れていないことにすぎないのかもしれませんし、何より、Web会議システムの機能を使いこなせていないことが大きい気がします。

　Web会議システムの場合、どうしても話し手が一方的に話している感覚が強くなりがちですが、聞き手を巻きこむようにすれば、場の共有感を高めることが可能です。たとえば、会議への参加者の数が多い場合、多くの人の意見を聞くために、共有画面でデジタル投票を活用するのも一つの手でしょう。デジタル投票をすれば、発言者は何%の参加者が投票してくれたのかがわかりますので、参加者は投票に参加せざるをえません。参加者は投票に参加する過程で、与えられた課題をかならず自分の課題として考えることになりますし、ほかの参加者がどのように考えているのか、発言者がその結果を踏まえてどのように判断を下すのかが気になります。何よりも考えたことがすぐに数字として跳ね返ってくる臨場感は、リアル会議にはないメリットといえるでしょう。

【会議の工夫③　デジタル投票の活用】

・デジタル投票システムを使って参加者の考えを聞き、その場で集計して全体的な傾向を示すことで、参加者を巻きこむ。

また、個々の議題にたいして、議事進行を止めてまで挙手して自分の意見を言うことは誰しも抵抗があるものですが、チャット機能を使えば、参加者は議事進行を止めることなく、軽い気持ちで意見を言うことができます。その意見が発言者にとって意味のあるものであれば、発言者の発言の文脈でその意見を拾いあげ、大した意見でなければ発言者がスルーしてくれればよいわけです。チャット機能を使えば、発言者個人に限定して意見を伝えることも、議場の参加者全体に意見を共有させることのいずれかが選択できるのも便利です。発言者の側からすれば、参加者にたいし、チャット機能を用いたフィードバックを求めれば、参加者間の双方向性が高まり、より実りある会議につながります。

【会議の工夫④　チャット機能の活用】

・チャット機能でコメントを募って個々の参加者の意見を収集し、必要に応じてフィードバックすることで、参加者との双方向性を高める。

●参加者同士の連帯感

会議前後の個人的交流

会議に出席することの意味は、ホストをはじめとする、意思決定に関わる主要な人物の意見を聞き、意思決定に参与することにありますが、となりに座っている人との交流を深めるのも、じつは会議の陰の目的です。同じ部署にいながら、ふだん顔を合わせることのない同僚と顔を合わせ、情報交換をする貴重な機会です。また、社外の会議であれば、人脈を広げることも可能です。相手があまりにも偉い人で、その場で声をかける勇気が出なかったとしても、のちほどメールで「会議で遠くからお顔を拝見した○○です」と連絡を取ったり、偶然別の場所で顔が合ったとき、「以前、会議でご一緒したことのある○○です」と話しかけたりして関係を構築することも可能でしょう。

Ｗｅｂ会議の場合、そうした参加者との交流が持ちにくいのが欠点ですが、工夫次第で参加者との連帯感を持つことは可能です。会議の主催者は、会議の始まる三〇分ほどまえにはバーチャルな会議室を開けておき、早く訪れた参加者同士が自然に雑談できるような環境を整えておくことが大事です。生産的な会議の雰囲気作りは、その段階から始まります。また、会議が終わったあとも、やはり三〇分ほど会議室を開けておくようにし、参加者間で必要な打ち合わせがあれば、その場でやってもらえるような工夫が必要です。一時間を超える会議の場合、中間にティータイムを設け、お茶をしながら一〇～二〇分程度、ともに語りあうリフレッシュのひとときがあるのもすてきです。Ｚｏｏｍであれば、ブレークアウト・セッション機能を用いて、自由に話せる小部屋をいくつか用意しておくのもよいでしょう。会議は一同に会して行うものですが、その前後や合間に個別の打ち合わせや交流の機会を持てるようにすることも、会議の副次的な機能として重要です。

【会議の工夫⑤　雑談ができる環境整備】
・会議時間の前後や合間に、個別の打ち合わせや交流の機会を持てる機会やバーチャルな空間を設け、参加者同士の連帯感を高める。

参加者をよく知るための観察眼

それまで親しくなかった人と意気投合して仲良くなるのは実際に会って話をするのが一番ですが、その前段階として参加者のことをよく知るにはＷｅｂ会議のほうが有利なこともあります。

Ｗｅｂ会議の場合、相手の顔をよく見ることができます。リアルの会議だと、正面に座っている人は目に入るのですが、横に座っている人や遠くに座っている人は視界に入りません。もちろん、わざわざ横を向いて相手の顔を確認するのも失礼です。ところが、Ｗｅｂ会議であれば、どの参加者の顔も同じ条件で見ることができます。しかも、その顔のしたに氏名が書いてありますので、名前と顔を一致させるのによい機会です。さらには、あまり自分と関連のない議題のときは、知らない人のことを検索して、どんな人かを確認することもできます。そうした準備作業は、その人とリアルな場面で出会ったときにきっと力を発揮するでしょう。顔と氏名はプライバシーに関わるので、オープンな会議の場合は個人情報への配慮が必要になりますが、参加者同士が互いのことを知る機会として会議の場が機能することは悪いことではありません。

【会議の工夫⑥　互いを知る機会としての会議の場】

・顔と名前を一致させ、公開されている互いの情報を知る機会として会議の場を利用することもできる。

小声のコミュニケーション

リアルな会議で、会議に参加している最中に、隣の人に話しかけることはないでしょうか。遅刻してきて今どこを議論しているかを尋ねたり、論点がわからなくなってきて今何が問題になっているかを質問したり、抜けている情報を確認したり、今議論されている内容についての個人的意見を求めたりする様子は、会議のなかでよく見られる光景です。議事と関係のない個人的なおしゃべりは、もちろんほめられたものではありませんが、議事に関連するこうした複線的な進行は、議事をわかりやすく進めたいと願う司会者にとってもじつは大事な情報であり、近隣の参加者同士の小声のコミュニケーションが会議を円滑に進めるきっかけになることも少なくありません。リアルな会議では小声で行われているコミュニケーションを「何か疑問点などありますか」と司会者が拾いあげ、そこで重要な問題提起がなされ、議論が深まりを見せるというケースがしばしば見られます。Ｗｅｂ会議で、こうした小声のコミュニケーションが失われ、参加者間の連帯が感じられなくなっているとしたら残念です。

しかし、そうした小声のコミュニケーションはチャット機能で補うことはできます。遅刻してきた参加者は特定の参加者をつかまえて、その人だけに個人的に議事進行状況を確認すれば事足ります。また、チャット機能を使い、抜けている情報を補足したり、関連情報の示されたリンクを共有したりするのは、リアルな会議よりもＷｅｂ会議システムのほうが有利です。その場合、情報は全員に共有するのがよいでしょう。参加者は全員、インターネットに接続していますので、関連情報の示されたリンクをクリックして指定のURLに飛び、その場で即座に正確な情報を確認できるのはバーチャルな会議ならではの強みであり、それを活用しない手はありません。

【会議の工夫⑦　インターネット情報の即時活用】

・今議論されている話題と強い関連性を持つURLをチャット機能で共有し、その場でWebページの内容を確認できるのは、Web会議システムならではの強みである。

参加者の積極的な反応

すでに述べたように、Web会議では発言者は孤立しがちです。そのため、発言者は参加者を積極的に巻きこむ工夫をしなければならないのですが、参加者もまた発言者に積極的に関わって会議を盛りたてていき、会議の一体感を醸成することが重要です。参加者が発言者にたいして質問したりコメントしたりすることももちろん必要ですが、たとえ声を出さなくても会議にたいする貢献は十分に可能です。

発言者は、自分の声をスピーカー越しに聞くことができないため、自分の声が参加者に届いているのか、いつも疑心暗鬼になっています。そのため、会議に参加している人がWebカメラを見てときどきうなずいてくれるだけでも、発言者はぐっと話しやすくなります。そのうなずきが複数あれば、発言者はさらに勇気づけられます。一方、声が小さかったり、雑音が入ってしまっているときは、首をひねったり横に振ったりすれば、発言者は違和感に気づくことができます。

発言者の発言へのフィードバックは、Ｚｏｏｍであればシステムの機能で拍手をすることも、実際に、動画として映っている画面のなかで個々人が拍手をすることもできます。拍手は音にする必要はありません。それぞれの画面で拍手が起こっているのを目にすれば、発言者は自分の言葉が参加者の心に届いたことを実感できます。発言者のユーモアで参加者が笑ったときも、それぞれの画面に笑顔があれば、笑い声は聞こえなくても楽しい気分になれます。画面のなかが参加者の動作や表情の変化で満ちているとき、バーチャルな会議が生きた会議として機能していることが実感され、チームワークが強まります。

【会議の工夫⑧　参加者の無音のフィードバック】

・参加者がうなずいたり、拍手をしたり、笑ったりする動作や表情が画面にあふれていれば、発言者は勇気が得られ、会議の一体感が高まる。

バーチャルな会議では、発言をしない参加者はお客さんになりがちですが、たとえ発言しなくても、参加者は会議を動かす大事な構成員です。発言者を一人にさせないという姿勢が、参加者に求められます。

●自分自身を見る自分

独り言のような自分の声

リアルな会議と異なり、同じ空間を共有していないことがバーチャルな会議の特徴です。

発言者も、参加者も、そして自分自身も、パソコンの背後にある世界は、会議世界とは異なる別の現実世界が存在します。二つの世界に同時に所属しているため、ふと我に返ると、自分という存在が分裂しているように感じます。

すでに見たように、自分が発言者として話している場合、自分の耳に入ってくる自分の声は、バーチャルな会議の世界の声ではなく、パソコンにむかって話しているリアルな自分の声です。その結果、自分の話している言葉が独り言のように思える瞬間があります。リアルな会議の場にいれば、自分の聞いている声は、その場にいる参加者が聞いている声と同じ、会議のなかの声なのですが、バーチャルな会議の場では、自分の聞いている声はどこまでも自分の声であり、画面のむこうで参加者が聞いている声と同じ声であるという保証はありません。このため、参加者が聞いてくれている実感が得られず、話していて不安になるのです。しかし、自分の話している声は確実に参加者の耳に届いているわけで、そうした状況には私たち自身が慣れるしかありません。

私自身、NHKや放送大学等でカメラに向かって話すのはきわめてしんどい経験でした。カメラのむこうの視聴者が聞いてくれている実感が得られなかったからです。そこで、私は撮影のスタッフの方に、カメラのとなりに立ち、うなずきながら聞いてもらうようにお願いしました。それだけのことでずいぶん自然に話せるようになりました。バーチャルな会議に慣れない人は、もし事情が許すなら、そばでリアルに聞いてくれる人を一人でも用意し、その人に向かって話すようにするとよいでしょう。そうしたことを繰り返すうちに次第に慣れ、一人でも画面にむかって話せるようになってきます。

【会議の工夫⑨　リアルな人をそばに置く】

・バーチャルな会議で話し慣れていない人は、リアルな空間に一人でもバーチャルな会議の参加者を置き、その人にむかって話をするとうまくいく。

若い世代では、自分たちが作った動画を、ＹｏｕＴｕｂｅのような動画共有サイトにアップロードするのに慣れており、カメラに向かって話すことが自然になっている人も多いでしょう。今は、Ｗｅｂ会議システムに接触しはじめ時期にある方も多く、戸惑いも大きいのですが、Ｗｅｂカメラに向かって話すことに慣れてくれば、違和感は徐々に減少していくと思われます。

画面に映る自分自身

リアルな会議とWeb会議をめぐる違いについて、自分というものを軸に考える場合、もっとも大きな違いは、Web会議では自分自身の顔が画面に映るということでしょう。リアルの会議では、もちろん自分自身の顔を見ることができません。というよりも、私たちの現実の世界では、鏡をのぞきこむとき以外、自分の顔を見ることはありません。

しかし、Web会議の導入によって、自分がほかの参加者からどう見えるのかを客観的に把握することが可能になりました。自分は話すとき、こんな髪型で、こんな服装で、こんな姿勢で、こんな表情で話していたのかということを知り、愕然とした人もいるでしょう。それによって、自分を会議でどう見せるかという意識が芽生えるのは悪いことではありません。自分自身を見つめなおすことで、会議の効率的な運営や効果的な発言につながってくることもあるからです。録画しておけば、あとでじっくり見なおすことができます。

し、ふだん自分が耳にすることがない自分の声や、目にすることのないジェスチャーや表情、そして、それにたいする周囲の反応を確認することができます。それは、リアルな会議にはない、Ｗｅｂ会議の長所です。

【会議の工夫⑩　自分を見つめなおす】

・Ｗｅｂ会議では、他者から見える今の自分の姿をモニターできる。また、録画すれば、自分の声、ジェスチャー、表情などを客観的に見つめなおし、改善が図れる。

また、自分の見せ方に関連して、背景をどうするかという問題があります。きれいに片づいた一人部屋から発信できる人は、それをそのまま背景にすることは可能ですし、すでに述べたように発言機会の多い人はジェスチャーを見せる必要があるため、手がしっかり映るように背景はリアルなほうがよいでしょう。

一方、家のなかが散らかっていたり、子どもがバタバタ走り回ったりする家庭もあるでしょう。その場合、画像を背景として設定する必要があります。背景は、会議の参加者がお互いにツッコみやすい部分であり、背景をきっかけに話題が広がり、交流が深まることも少なくありません。その意味で、背景を自己紹介のように考えて準備をするのも楽しいだろうと思います。

【会議の工夫⑪　背景の設定にひと手間かける】

・背景は、発言機会の多い参加者は、ジェスチャーを効果的に見せるため、リアルなほうがよい。一方、家庭生活の合間を縫って出席している参加者は、個性的な画像の背景を使って生活感を消し、背景の話題をきっかけに交流を広げるようにするとよい。

また、気をつけたいのが照明です。外からの光を利用する場合、時間帯によっては明るかった自分の姿が徐々に暗くなったり、逆光で画面が見にくくなったりします。また、暗い照明は部屋のなかだけでなく、参加者自身の印象も暗くします。最近は、自分をきれいに映しだす照明器具の品ぞろえも充実しています。照明器具の選択にも気を配りながら、Ｗｅｂカメラの位置を設定することが大事です。

第4章　話し合いのルール

●ホストの特権

ファシリテーターとしてのホスト

筆者の専門は日本語教育です。現在は国立国語研究所で日本語と日本語教育を研究していますが、三〇歳で母校の一橋大学の留学生センター（現・国際教育交流センター）に就職してから四六歳で国立国語研究所に異動するまで、ほぼ毎年、日本語をゼロから学びはじめる留学生に日本語を教えていました。

日本語を教えるのに英語は使いません。直接法という特殊な方法を使えば、日本語を知らない学生にも日本語だけで教えることが可能です。教室で日本語を話せるのは、最初は私だけですから、おそらく日本語教育の経験のない方は私が授業中ずっと日本語を話していると思われるでしょう。しかし、実態はまったく逆で、私はできるだけ話さないように努めています。日本語を学習しているのは留学生たちですから、私は留学生たちの日本語を話す機会を奪わないように心がけるだけです。

教師である私は教案を作って授業に臨みますが、その教案には、いかに話すきっかけを与えて学生の日本語を話す量を確保し、教師の話す量を減らせるかという工夫が詰まっています。教師は黒子であり、ファシリテーターです。教師の仕事は、留学生たちが自然に日本語を口にできる環境作りです。その環境作りに成功すると、留学生たちは失敗を重ねながらも、嬉々として日本語を口にするようになり、それを繰り返しているうちに徐々に日本語が話せるようになります。

Ｗｅｂ会議システムのホストは、日本語教育の教室における教師のような役割を担っています。会議を建設的なものにするためには、ホストは黒子に徹し、ゲスト、すなわち参加者ができるだけ自由に話せる環境作りに努めることです。建設的な会議では、参加者一人ひとりが個人の考えに基づいて自由に発言し、その発言が複雑に絡みあいながら一つの流れを作り、それが最終的に合理的で民主的な意思決定へと結実していきます。ホストの仕事は、ファシリテーターとしてそうした流れを支援することです。しかし、実際の会議では、ホストが会議を仕切ってしまい、ホストの書いた筋書きどおりに意思決定を導いてしまいがちで、それが組織の活力や生産性を奪ってしまっているのが現実です。

私がこの点を強調するのは、Ｗｅｂ会議システムにおけるホストの権限があまりにも強いからです。Ｚｏｏｍを例に取ると、入退室の権限も、参加者のビデオやミュートの管理も、画面共有やレコーディングの可否も、名前の変更も、ブレークアウトルームと呼ばれる小グループの編成も、すべてホストが有しています。ホストが会議の責任者であり、セキュリティを一手に担っているわけですから、ホストに権限が集中するのは仕方がないことではあるのですが、ホストは会議の王として君臨しています。したがって、会議を建設的なものにするには、ホストの強大な権限をいかに弱められるかがカギになります。

【会議の工夫⑫　ホストの権限を弱める】

・ホストの仕事は司会進行であり、ホストが話す機会をできるだけ減らし、参加者にできるだけ広く、かつ多く発言の機会を与えられるかが、会議成功のカギとなる。

しかし、こうしたホストの権限を弱められるのは、ほかならぬホスト自身であり、ホストの自覚にかかっています。よいホストは、一人でも多くの参加者が少しでも多く話して会議の意思決定に関われるように心がけます。ここでは、ホストの権限を相対的に弱め、参加者に話させる工夫について検討します。

ホストが発言権を割り当てる

ホストの権限を下げるということで最初に思いつくのは、ホストに権限が集中していることを生かして、ホストが主導権を握り、参加者に話す機会を積極的に提供することです。参加者に話す機会を提供する場合、もっとも確実なのは、担当を事前に割り振る方法です。議場で報告をする場合、ホストでも十分に報告可能な内容であっても、できるだけ直接の担当者に報告させるようにします。これをするだけでも、報告が現場の声として響き、報告者が変わることによる多様性も生まれ、報告者も参加者も新鮮な気持ちで参加できるようになります。

また、会議に参加している人数が少ない場合、「一人一回はかならず発言をしてもらう」

というルールを作り、事前に周知しておくのも一つの方法です。そうしたルールがあると、参加者は単なるゲストとしてではなく、責任を持って関わらざるをえなくなり、何かコメントをしようと会議の議事に真剣に耳を傾けるようになります。

さらに、その場で議題が示され、いきなり「これについて何か意見はありますか」と言われても、すぐに答えられる参加者は少なく、たとえ意見が出たとしても行き当たりばったりのものになりがちです。そこで、重要な会議の場合、事前に議題に関わる宿題を課すのも有効な方法です。参加者もその議題について準備をしてきてくれますので、当日の話し合いの密度が濃くなります。会議には、事前の仕込みが重要です。

一方、その場で即興的に対処する方法としては、発言しそうな人を見つけて指名し、積極的に発言してもらうという方法もあります。その議題に一定の知識を有する人、議題にかかわらず臨機応変の発言ができる人、いかにも話したそうなそぶりをしている人を見つけて指名することで呼び水になってもらうのも効果的な方法です。一人から意見が出れば、発言のハードルが下がり、次の意見は比較的容易に出るものです。

いずれにおいても大事なことは、ホストが発言者にならないことです。ホストは参加者の発言を促す司会者として議事進行に徹することが、会議を生きたものにする秘訣です。

【会議の工夫⑬　発言権を割り当てる】

・担当者に報告を、参加者に課題を事前に依頼したり、適切な発言者をその場で指名したりすることで、発言者を割り当てるように心がける。

共同ホストを立てる

日本語の読解授業における留学生のグループ・ディスカッションを分析した研究があります（*胡二〇一八）。事前に司会者を決めない四名前後の小グループにおいて話し合いがどのように進むかを分析した研究です。この研究のおもしろいところは、当初グループ・ディスカッションに慣れていない留学生が徐々に司会の役割を引き受けて、ディスカッションの進行を円滑にしていく過程が描かれているところです。胡氏の記述を参考に、私なりにまとめなおすと、次の四段階になります。

【グループ・ディスカッション成長の四段階】

①司会役不在の段階……司会役が存在せず、話し合いに混乱が見られる段階
②司会役登場の段階……司会役が登場し、話し合いが整理される段階
③準司会役登場の段階……準司会役が登場し、元の司会役が相対化される段階
④司会役自在の段階……参加者が誰でも司会役が務まる、司会役自在の段階

①「司会役不在の段階」というのは、司会役が存在しない段階です。順番に話すなど、留学生同士で工夫して話し合いが行われていますが、議論が複雑になると、議論の論点が本筋からそれたりぼやけたりしがちであり、議論の結果、何が決まったかについても混乱が見られます。

②「司会役登場の段階」というのは、司会役が登場する段階です。司会役を引き受ける留学生が出てくると、議論の論点が整理され、議論の結果、何が決まったかの確認がスムーズにいきます。しかし、司会役が特定の人に定着すると、自分や親しい友人の意見を全

体の意見となるように自然と導く「強い司会役」になりがちです。また、「強い司会役」が生まれると、司会役以外の発言が減り、消極的な参加者がグループの意見の決定を司会役に依存するようになります。さらに、謙虚な「強い司会役」は参加者の意見を取りまとめることに専心し、自分自身の意見を開示しないようになります。そのようにして、話し合いのバランスが崩れていく傾向があります。

③「準司会役登場の段階」というのは、元の司会役を補佐する、別の司会役が登場する段階です。「準司会役」が登場すると、「強い司会役」の力が相対化され、バランスがよくなります。元の司会役の意見が力を持ちすぎる弊害も少なくなり、残りの参加者もグループ・ディスカッションにより積極的に関わるようになります。また、「準司会役」がいることで、元の司会役の意見も開陳しやすくなります。

④「司会役自在の段階」というのは、参加者がそれぞれ司会役や「準司会役」を経験することで、グループのメンバーが誰でも司会役を引き受けて議論ができる段階です。この段階までくると、明らかな司会役は不要です。司会役が自在に入れ替わりながら、議論が自由に進んでいきます。じつは、④「司会役自在の段階」は、外見上は①「司会役不在の

段階」と変わりません。明らかな司会役が存在しないからです。しかし、その内実が大きく異なることはいうまでもないでしょう。この四つの段階を踏まえて、胡氏の論文では、誰でも司会役を引き受けられる土壌を育てることが重要であると語られます。

この研究をWeb会議に当てはめると、Web会議システムの性格上、②「司会役登場の段階」における「強い司会役」が出現しやすいことになります。そのため、この「強い司会役」であるホストの権限を弱める必要があります。そこで、検討したいのが、③「準司会役登場の段階」に当たる共同ホストの導入です。「準司会役」に相当する共同ホストがいることで、ホストの強い権限が相対化され、会議の運営がより民主的になりますし、ホストが司会役に徹した結果、ホスト自身の意見が言えないでいる場合にも、共同ホストがいれば、ホストは安心して一参加者として自分の意見が言えるようになります。

最終的には、④「司会役自在の段階」に達し、特定のホストがいなくても、すべての参加者が対等かつ自由に議論できるのが理想です。何を言っても大丈夫という「心理的安全性」と、自分の言うことが悪く受け取られないという「信頼感」があれば、どんな意見でも抵抗なく言えるという自由な雰囲気が生まれ、高い生産性を生みだします。これは、④

「司会役自在の段階」と表裏の関係にあるものであり、何か新しいものを生みだそうとする創造的なミーティングでは、この段階に到達することを目指す必要があります。しかし、多人数の公的な会議では、ホストが「強い司会役」の弊害が目立つ場合に、準司会役である共同ホストを立てるという③「準司会役登場の段階」を考慮するだけでも、会議の風通しがはるかによくなるでしょう。

【会議の工夫⑭　共同ホストを立てる】

・Web会議システムでは、ホストが「強い司会役」になりやすいので、共同ホストを立てて、ホストの役割を相対的に弱める必要がある。

小グループでの話し合いの活用

会議において、新規性の高い商品開発につながるブレイン・ストーミングをすると仮定します。その会議のメンバーが二〇名だったとすると、全員でブレイン・ストーミングをするのは効率的ではありません。最初に、どのような商品開発を考えているのか、開発責任者であるホストがその大枠を示し、その後、四名の五つの小グループに分け、そこでブレイン・ストーミングを行い、最後に、その結果を全体の会議に持ちよって、全体で議論するのが効率的でしょう。「心理的安全性」と「信頼感」に支えられた④「司会役自在の段階」の自由闊達なブレイン・ストーミングにするには、ホストから切り離された小グループを形成して、そのなかで話し合うのが望ましいと思われます。

そうしたときにWeb会議システムはとても便利にできています。たとえば、Zoomの場合、ブレークアウト・セッションという機能を使うと、ブレークアウト・ルームという小部屋が簡単に設定できます。その場でそれぞれの小部屋にメンバーを割り振り、すぐに移動してもらい、一定時間、独立して議論してもらうことが可能です。人数は四〜五名、とくに四名がお勧めです。偶数のほうがお客さんになる人が出にくい一方、二名だと発想が広がりませんし、六名だと一人あたりの発言機会が減ってしまうからです。

【会議の工夫⑮　小グループ編成にする】

・ブレイン・ストーミングのようなアイデアを出しあう創造的な話し合いの場合、四名を基準としてバーチャルな小部屋に移ってもらうと議論が活性化する。

また、ホストは、各グループを少しずつ覗いてみることをお勧めします。胡方方氏と同じ日本語読解の授業を対象に学習者の心理を分析した霍沁宇氏には、「盲点」という興味深い指摘が見られます（＊霍二〇一七）。日本語教育の教室でグループ・ディスカッションを行う場合、グループの話し合いそのものがその場にいない教師の目には「盲点」になってしまうため、その「盲点」を補う必要があるという指摘です。先ほどの会議の例でいえば、ブレイン・ストーミングの結果は最終的に全体で共有されますが、その議論の過程で現れた貴重なアイデアが抜け落ちて報告される可能性があるのです。それを防ぐには、開発責任者であるホストは、各グループを少しずつ覗き、話し合いの様子を把握すると同時に、最後の全体の会議で議論し足りないと感じていたメンバー数名に会議終了後残ってもらい、さらに聞き取りを重ねるとよいでしょう。そうすることで、ブレイン・ストーミングの成果をより効果的に汲みあげることができるでしょう。

【会議の工夫⑯　「盲点」を補う】
・ブレイン・ストーミングの報告で、貴重なアイデアが抜け落ちるおそれがあるため、小グループの参加者から個人的なフィードバックを得て、「盲点」を補うようにする。

●発言者の優先権

発言権の確認

Ｗｅｂ会議で疲労感を覚える人が後を絶ちません。インターネットで検索してみると、空気感としか言いようのないものに、そうした疲労感を覚えている人が多いことがわかります。しかし、Ｗｅｂ会議における空気感とは、いったい何でしょうか。リアルな会議とバーチャルな会議の空気感の違いは一口では言えませんが、少なくともその違いの一端は、会話のルールが微妙に異なることに由来するように思います。そこで、会話分析でよく用いられる分析観点から、Ｗｅｂ会議の特徴を分析してみましょう。ここで扱う分析観点は、次の五つです。

①発言権……Ｗｅｂ会議では発言者の交替のタイミングが見きわめにくい
②相づち……Ｗｅｂ会議では相づちを打つことに不自由を感じる
③沈黙……Ｗｅｂ会議ではリアルな会議以上に沈黙の処理がやっかいである
④発話の長さ……Ｗｅｂ会議では発話が長くなる傾向にある
⑤発話のやりとり……Ｗｅｂ会議では発話のやりとりが単調になりがちである

まず、①「発言権」から考えます。Ｗｅｂ会議での発言は、リアルな会議での発言以上に勇気がいるものです。参加者のビデオレイアウトの選び方にもよりますが、通常、枠で囲まれた発言者が画面の中央に大きく映る設計になっており、発言者が参加者の注目を浴びる構図になっているからです。しかも、発言者だけが参加者全員のスピーカーを占有します。Ｗｅｂ会議では、発言者に大きな優先権が与えられます。人前で話すのが苦手な人は、その様子を見ただけで発言することに強い抵抗感を抱いてしまうかもしれません。

発言権でとくに難しいのは、発言者の交替です。参加者が発言権を取る場合、二つの方法があります。一つは挙手をして発言する方法、もう一つはホスト等から指名されて発言する方法です。

挙手をして発言をする場合は、画面のなかで実際に手を挙げる方法と、たとえばＺｏｏｍでは、挙手ボタンで手を挙げる方法があります。画面のなかで実際に手を挙げる場合、司会者に指名してもらわなければなりません。「どうぞ」と言われても、慌てて話しはじめてはいけません。同じように挙手をしていた別の人が指名された可能性もあるからです。司会者に名前を呼ばれていない場合は、「私が発言してよろしいでしょうか」などと、一言断ってから話しはじめたほうが安全でしょう。リアルな会議では司会者が自分に視線を向けてくれますので、そうした誤解は起きません。

これにたいして、挙手ボタンを使った場合は相対的に楽であり、同時に民主的です。機械はどの参加者が偉いかを判断しません。挙手ボタンを押した順に上から並びます。司会者はその順に発言権を与えることができ、誤解の余地はほとんどないでしょう。

一方、会議の流れのなかで、司会者から指名され、発言権を与えられることがあります。発言権を与えられるときにも、自分の名前が呼ばれずに発言を求められることがあります。この場合も、自分が発言してよいかどうか、一言断ってから話しはじめます。

反対に、自分が発言者であって、誰かに発言を求めたい場合、発言の終わりにその参加者の名前をかならず入れるようにしましょう。視線や手による発言の促しができないWeb会議では、次の発言者の名前を呼ぶのが基本です。

【会議の工夫⑰　発言権を確認する】

・自分が発言者かどうか迷う場合は、かならず司会者に確認を取る。また、自分のあとの発言者を指名するときには、その人の名前を発言の最後に入れるようにする。

相づちの代用

「はい」「うん」「ええ」といった日本語の一般的な相づちには意味が二種類あるのはご存じでしょうか。一つは「あなたの話を聞いています」という理解の「はい」「うん」「ええ」、もう一つは「あなたの話に賛成です」という同意の「はい」「うん」「ええ」です。

Ｗｅｂ会議では、相づちは不要です。理解の「はい」「うん」「ええ」は画面を見つめているだけで発言者に伝わりますし、同意の「はい」「うん」「ええ」もゆっくり大きくうなずいて見せればそれで十分です。うっかり声に出して相づちを打つと、発言権を示す枠が自分のところに回ってきてしまいます。そうした恥ずかしい事態を避けるためには、ミュートをかけておくほうが安全です。

ただし、少人数の打ち合わせ、とくに二人だけで話しているときは、理解の「はい」「うん」「ええ」では軽くうなずいて見せ、同意の「はい」「うん」「ええ」では「いいと思います」「賛成です」などと声に出して伝えたほうがよいでしょう。少人数ならば、相づちを声に出しても、ほかの参加者の迷惑にならないので、ミュートを外してリアルなコミュニケーションに近づけたほうが、互いの距離が縮まります。

【会議の工夫⑱　相づちは視線やうなずきで代用】

・Ｗｅｂ会議では相づちは不要で、理解の相づちは視線で、同意の相づちはうなずきで代用が可能である。ただし、少人数のミーティングは自然にしていて問題ない。

沈黙を破る

会議中の沈黙は、リアルな会議、Ｗｅｂ会議を問わず、気が重いものです。沈黙は誰も発言権を有していない状態なので、誰が口火を切ってもよいのですが、沈黙には気まずい沈黙など、それなりの理由があるものなので、実際にはその状況を打開するのは勇気の要るものです。うつむきながら、誰かほかの人がこの沈黙を打開してくれないかと願う参加者もきっと少なくないでしょう。

しかし、Ｗｅｂ会議では、リアルな会議以上に沈黙の処理がやっかいなことがあります。

一つは、物理的な空間を共有していないので、沈黙の意味がわかりにくいことです。リアルな会議では、参加者がそれぞれ同じテーマについて考えを巡らせ、まとめている途中であることがわかり、沈黙がシンキング・タイムを意味することが容易に把握できますが、Ｗｅｂ会議では状況が理解できないことが少なくありません。

また、Ｗｅｂ会議では、回線の問題で無音になっているだけのこともあり、回線トラブルの可能性も考慮する必要があります。また、発言権の交替がうまくいかず、次に指名された発言者が誰かわからず、参加者の多くが戸惑っているだけかもしれません。このように、Ｗｅｂ会議では、リアルな会議以上に沈黙の発生する要因が多岐にわたるため、沈黙が増えてしまうことがあります。

こうした意味不明の沈黙は、参加者が相互に積極的に働きかけて解決していくとよいでしょう。状況に応じて、「私が発言してもよいですか」「今はシンキング・タイムですか」「回線の調子が悪いのでしょうか」「次は誰が話す番ですか」などと素朴に質問することで、沈黙を積極的に破っていくとよいでしょう。

【会議の工夫⑲　沈黙を破る】
・沈黙が生じる原因は、Ｗｅｂ会議の場合、リアルな会議以上に多様なので、素朴に質問することで、他の参加者と協力して沈黙を破っていくほうがよい。

長い発話の分割

Ｗｅｂ会議では、相づちやツッコミをはじめ、短い発話を交ぜにくいので、発言権を一旦手にすると長く話すことが期待されているように感じます。その結果として、一人ひとりの発話が長くなりがちです。それ自体はＷｅｂ会議の特徴なので、一概に悪いとは言えません。しかし、参加者の記憶にも限界がありますので、一回の発話に質問やコメントをいくつも詰めこむと議論の混乱を招きます。複数の相手にたいする複数の質問やコメントがある場合、質問やコメントを分割し、一回の発話に一つの質問やコメントを盛りこむようにしましょう。

そのように質問やコメントを分割すると、参加者間のやりとりの往復が増えます。Ｗｅ

b会議のやりとりには、長い一回の発話と長い一回の回答がセットになって終わり、単調な議論に終始しがちであるという弱点があります。質問やコメントを分割し、小出しにすることには、そうした参加者間のやりとりに変化をつけ、一つの話題の展開が複雑になるというメリットもあるわけです。

【会議の工夫⑳　長い発話を分割する】

・Web会議では、発言者の一回の発話が長くなりがちなので、複数の発話に分割することが望ましい。分割することで、参加者間のやりとりに好ましい変化が生まれる。

Web会議システムの民主性

ここまで、会話としてのWeb会議の問題ばかり取りあげてきたように思いますが、Web会議システムには、リアルな会議にはない大きな長所があります。それは、システムが民主的で、参加者の関係が対等であるということです。たしかに、ホストには特別の権限が認められ、発言者には発話の大きな優先権が与えられるわけですが、裏を返すと、それ以外の参加者は驚くほど対等です。

たとえば、リアルな会議につきものの席順というものがあります。議長のそばには地位の高い人が座るのが一般的であり、話し合いは議長の周辺で進むことがしばしばです。そうすると、議長から遠い席に座っていればいるほど、議論に参加しにくくなります。しかし、Ｗｅｂ会議の場合、すべての人を同じ大きさで映すことができ、その並び順も機械的に決まっています。そのため、参加者の誰もが同じ条件で発言できるわけです。すでに述べたように、挙手も先着順であり、その点でも公平です。

また、発言権の取り方に手間がかかるため、売り言葉に買い言葉のような反論が出にくいのも特長です。リアルな会議では、参加者が誰かの発言に反感を持ち、感情に任せて反射的に発言することがありますが、バーチャルな会議では、そうしたことがあまり起こりません。Ｗｅｂ会議の場合、参加者同士が視線をバチバチと合わせられないしくみになっていますし、参加者はある程度自分の考えをまとめてから発言するので、考えをまとめるあいだに冷静になるための一呼吸が置かれ、会議の場が荒れるのを防いでくれるのです。

これは、Ｗｅｂ会議の発言の敷居が高い一つの効用です。

さらに、Ｗｅｂ会議の場合、会議の終了時間が早まることが多く、その点でも助かります。議事がしっかりしている会議の場合、ホストの強力な権限のもとで、決められた台本に従って議事が進むことが多いので、直接関係のない話がしにくく、いわゆる脱線が起きにくいのでしょう。それと、発言者は発言している自分自身を画面で見ることになりますので、話している自分を自己モニターでき、必要以上に長い話はしにくい心理が働くのかもしれません。

こうして考えると、Ｗｅｂ会議は、情報を公平に提供する報告に向いているシステムなのかもしれません。そうしたシステムに、創造的な対話を組みこむには、参加者が議論に積極的に参加できるしかけを施し、参加者同士のインタラクションの機会を増やすこと。そこにかかっていると思います。

第5章　話し合いの環境

●参集のコスト

参集の範囲を広げる

Ｗｅｂ会議システムは、会議開催のコストを大幅に下げました。交通費もかかりませんし、移動時間もかかりません。部屋を予約したり借りたりする必要もありません。慣れるまでは大変ですが、会議に出る負担は半減します。時間さえ調整がつけば、気軽に意見交換ができるのは、バーチャルな会議のメリットです。

物理的な空間の制約がないのもありがたいものです。席の数を気にすることなく、参加者を募ることができますので、声がかけやすくなります。入退室も比較的自由で、そっと入ってきてそっと出ていくこともできますから、議題に応じたオブザーバーの参加も求めやすくなります。もちろん、相手の都合を最優先にする姿勢は必要ですが、わざわざ時間を割いて移動してきてもらう負担はないので、議題が変わっても、その都度、必要な人を集めやすくなるメリットは、無理のない範囲で積極的に生かすべきだと思います。

【会議の工夫㉑　議題に応じた声かけ】

・議題に応じて必要な人にだけ声をかけ、短時間限定で拘束することで、会議に出席を求めやすくなるメリットを活用する。

遠隔地の参加者を募る

交通費がかからない、移動時間がかからないのも魅力ですが、遠隔地の人にも参加してもらえるというのが最大の魅力です。私は今、大学院のゼミを週に一回Ｚｏｏｍで開いているのですが、中国やベトナムからの参加者があり、大いに刺激を受けています。これは、リアルな教室でゼミを開いていたならば、ありえないことです。

日本国内でも海外でも、遠隔地に住む関係者のことをふと思いだし、会議の参加を依頼して、より広い視野からアドバイスをもらう。参加してもらう私たちにもメリットがありますし、先方にとってもきっとよい刺激になるでしょう。大事なことは、そうした発想が浮かぶこと、そして、気楽に声をかけてみることです。

【会議の工夫㉒　遠隔地の関係者の招待】

・国内や海外の遠隔地に住む関係者に思いを馳せ、声をかけて会議に招き、交流を積極的に行うと、双方にとってよい刺激になる。

●シングルトラックとマルチトラック

内職の勧め

リアルな会議は一点集中型の進行が基本で、ほかの作業を同時並行で進めることは困難です。これにたいし、Ｗｅｂ会議はマルチトラック型の進行が可能です。このＷｅｂ会議の特長はぜひ活用したいところです。

Ｗｅｂ会議では内職がしやすく、事実、内職をしている人も少なくありません。会議中の内職を白眼視するまじめな社会人の方は多いかもしれませんが、いわゆる「内職」が横行するような会議は、参加者の健全な参加が実現できていない建設的でない会議です。会議で内職が起きるのは、内職をする側の責任ではなく、内職をさせてしまう側の責任です。会議を開催するホストは、内職が起きないような会議運営に工夫を凝らす必要があるでしょう。

しかし、節度ある内職は生産性をかならずしも下げるものではありません。学校の教員であれば、スマホをいじっている学生を見つけて注意したところ、学生が真剣に調べ物をしていたという経験をしたことがきっとあるはずです。Ｗｅｂ会議では、Ｗｅｂカメラに映らない死角が広いので、手元にあるスマホや辞書、マルチディスプレイであれば、Ｗｅｂ会議が映っていない別の画面で、複数の作業を並行させることが可能です。会議と無関係な調べ物であれば、多少の罪悪感も覚えるでしょうが、会議に関連する内容の確認作業であれば、参加者自身の勉強にもなりますし、偶然見つけた有益な資料を参加者全員で共有することで、会議全体に貢献できることもあります。会議に関連する内容であっても、リアルな会議中ではあからさまな調べ物はしにくいものですので、これもＷｅｂ会議ならではの特長といえるでしょう。

【会議の工夫㉓　内職の勧め】

・会議中は、会議に関連する内容についての調べ物を推奨し、知識不足の補填や正確な情報の収集に努めるのが効果的。

画面共有による共同作業

チャット機能による情報共有の重要性は、すでに繰り返して述べてきましたが、画面共有による情報共有もチャット機能に劣らず重要です。事前に準備したパワーポイントなどの情報共有はもちろん、突然ある資料の存在を思いだしたときの情報共有にも力を発揮します。リアルな会議では、パソコンをプロジェクターにつなぎ、プロジェクターのスイッチを入れてしばらく待たなければ共有できないところを、Ｗｅｂ会議では瞬時に共有できてしまうわけですから、会議時間の短縮に大きく貢献してくれます。

なかでも便利なのは、スプレッドシートの共有です。スプレッドシートを共有し、Ｗｅｂ会議システムを使って話しながら共同作業で表を完成させていくのは、手間もかかりませんし、記録もそのまま残せて便利です。各自が持ちよった食材を、みんなでわいわい言いながら焼きたてをほおばる、後片づけの手間のないバーベキューのようなもので、作業自体が楽しいのも魅力です。もちろん、リアルな会議のホワイトボードにも、自由に描けるよさがありますが、整理と記録という面ではスプレッドシートが勝ります。また、Ｗｅｂ会議用のホワイトボードも存在しますので、データの共有をめぐってはＷｅｂ会議システムに軍配が上がりそうです。

また、会議の参加者に複雑な書類の記入と提出を求めるときにも、画面共有は力を発揮します。記入が必要なエクセルシートなどを画面で共有し、実際に入力していく作業を見せれば、ややこしい書類の作成作業を参加者全員に間近で見せることができるわけです。

必要ならば、レコーディング機能を使って作業の過程を録画し、あとで見返すこともできます。これも、Ｗｅｂ会議システムの有利な点と考えられるでしょう。

【会議の工夫㉔　画面共有による共同作業】

・画面の共有は資料を見せるだけでなく、スプレッドシートで共同作業を行ったり、作業の過程をやって見せたりするときに力を発揮する。

例外を認める

マルチトラック型の進行が可能であることはＷｅｂ会議のメリットですが、そのメリットが同時にデメリットになることがあります。たとえば、子育てをしながら在宅で業務を行っている場合、子どもが家にいても仕事ができるわけですが、会議中、始終動き回っている子どもを見ているのは、親にとって心理的に負担です。子どもが走り回っている様子や、自分が子どもを注意している様子がカメラに映らないか、ひやひやしどおしで、会議に集中することもできず、神経が疲れてしまいます。

顔出しを基本とする会議であっても、そうした事情を抱えている参加者には、例外を認める必要があると思います。「働き方改革」のなかでそれぞれの事情に応じて働くということは、例外を認めるということであるはずです。

Ｗｅｂ会議疲れが近年広がっています。ふだん、ディスプレイを見つめて作業をしている人は、リアルな会議が気分転換になっていたのですが、Ｗｅｂ会議になると、会議中も作業中と同様にディスプレイを見つめなければなりません。画面を覗きこみ、そこに集中しつづける負担、Ｗｅｂカメラ越しに自分が見られているという負担、この両方の負担から疲労を覚える人が少なくない現実があります。それを避けるには、Ｗｅｂ会議の頻度を下げ、会議時間を短くすると同時に、Ｗｅｂカメラの免除など、個々人の事情に応じた負担軽減策を講じることで、疲労感を下げる工夫をしていく必要があるでしょう。

【会議の工夫㉕　例外を認める】
・個々人の事情に応じて、Ｗｅｂカメラの免除などの負担軽減策を講じ、疲労感を下げ

る工夫を施す。

自宅を仕事場とする在宅ワークでは、どうしても公私の区別があいまいになりがちです。オフィスワークのよさは、建物のなかに入ったら、仕事モードに自然と気持ちが切り替わることです。在宅ワークでも、せめてＷｅｂ会議のときには、服を着替えるなどして、気持ちの切り替えを心がけることが、結果として仕事の生産性を高めることにつながります。

●Ｗｅｂ会議システムへの接続

接続のトラブル

Ｗｅｂ会議に参加するとき、心配なのは接続トラブルです。多人数の会議だと、一人か一人は回線トラブルで接続に障害が生じているものです。とくに雨の日には障害が起きやすく、会議への全員参加が確認できてほっと一安心ということも少なくないでしょう。

最近は、人事の面接でＷｅｂ会議システムを使うことが多く、うまく接続できなければ応募者の責任で、棄権と見なすという対応を取っている企業もあるようです。リアルな面接ならば、人身事故による交通機関の遅延に備えて家を早く出るという対策ができるのですが、バーチャルな面接の場合、友人相手に回線テストを事前にするぐらいの対策しかなく、応募者受難の時代だと感じます。

接続トラブルにたいする決定打はなく、事前のテストと早めの招集ぐらいしか方法は思いつかないのですが、一旦接続できたとしても、音が出ないとか、ビデオが映らないとかいったトラブルが頻発するのも、Ｗｅｂ会議の悲しいところです。

しかし、Ｗｅｂ会議に慣れてくると、こうしたトラブルも悪くないのかなと思うようになりました。というのは、誰かに何かトラブルが生じると、その人のことをサポートしようという輪がチームに広がるからです。スマホなどで連絡を取りあいながら、力を合わせて復旧させ、無事に復旧したときにみんなで喜ぶという光景が、チームの連帯感を高めていく様子を私は何度も目にしました。接続のトラブルをなくすことは不可能ですし、ＩＣＴのリテラシーは人によってかなり差があります。しかし、トラブルがあることを前提に考え、チームにICTリテラシーの高い人を確保しておけば、会議はさほど支障なく進行するものです。

ウェビナーによる気楽な参加

コロナ禍以降、Webセミナー、略してウェビナーがかなり普及した印象があります。ウェビナーと通常のミーティングのもっとも大きな違いは参加者の姿勢です。

通常のミーティングでは、参加者はお互いの顔と名前を確認でき、同等の発言権を有し、参加者同士でやりとりすることが可能です。一方、ウェビナーでは、参加者はお互い同士の顔と名前がわかりません。参加者を見渡すことができるのはホストとパネリストだけです。また、視聴者と呼ばれる発言権を持たない参加者がいることもあります。つまり、通常のミーティングは、会議室のように互いに向かいあうイスの並びになっているのにたいし、ウェビナーは、講堂のようにステージに向かったイスの並びになっており、講堂のなかに入れない立ち見客のための別室もあるような作りになっています。

ウェビナーの参加者は、基本的に話を聞きに来るわけであり、その意味では責任を伴わない気楽な参加です。その結果、通常のミーティングほど参加者が話に集中しない傾向はあるでしょうが、シンポジウムやセミナーなど、一般に開かれた会の場合、そうした気楽な参加を認めることで間口を広げ、多くの人の参集を期待するのも一つのあり方だろうと思います。

【会議の工夫㉖　ウェビナーによる気楽な参加】

・ウェビナーのような責任を伴わない気楽な参加を認めることで間口を広げ、多くの人の参集を期待する方法もある。

最後に、Ｗｅｂ会議システムの映像と音声について触れておきましょう。

ウェビナーの場合、参加者のプライバシーもありますので、参加者の氏名や映像はお互いに見えないほうがよいと思いますが、通常のミーティングでは自分の顔を映したほうがよいと個人的には考えています。リアルな会議では顔を出すのが基本ですし、顔を出すことでその会議にたいする責任感も増すからです。発言者が顔を出すことで、発言者の非言語行動も見ることができますし、うなずきなどのサインを発言者が確認しながら話すことができます。ホストとしても、参加者に顔を出してもらえたほうが会議の運営がスムーズですし、顔をつきあわせて議論したほうがチームとしての連帯感も高まります。

もちろん、顔を出せない理由も人によってはあるわけで、個々の事情を考慮しない強制は望ましくありません。すでに述べたように、家庭の事情で顔を出しにくいケースもありますし、急に顔を出すように言われても、服装やメイクの準備が必要になることもあるでしょう。顔出しを義務づける場合、事前の告知が欠かせません。また、顔を出すのは責任あるメンバーのみで、オブザーバーの参加者や事務局は顔を出さないという区別をすることで、会議の性格を明確にするのも考えられる方法かと思います。

ディスプレイのむこう側にいる人の気持ちを想像し、個々の事情を考慮しながら、自由で主体的な参加を促し、会議を建設的な生きたコミュニケーションの場とする。それが、リモートワーク時代に求められるオンライン仕事術の極意なのかもしれません。

第二部

音声から文字へ
——文書のコミュニケーション

第6章　情報のコミュニケーション

●文章とキャラ

理想の文章はない

理想の文章とはどのようなものか、職業柄、私はよく聞かれます。しかし、それにたいする私の答えは明快です。理想の文章は存在しません。なぜなら、文章にはかならず長所と短所があるからです。

文章は人と同じです。理想の人とはどのようなものでしょうか。「優しい人」でしょうか。「優しい人」と一緒にいると心癒《い》やされますが、優柔不断で決断力に欠け、一緒にいるとイライラさせられることもあります。「面白い人」でしょうか。「面白い人」と一緒にいると話が楽しく明るい気持ちになれますが、デリカシーに欠け、そっとしておいてほしいときにもうるさく話しかけられ、うっとうしくなることもあります。人の性格は長所が短所になり、短所が長所になるのです。

文章でも同じことが起こります。たとえば、「わかりやすい文章」は理想の文章でしょうか。たしかに、「わかりやすい文章」は読み手に優しい文章で、理解が容易ですが、正確さを欠くきらいがあります。たとえば、重婚の禁止を定めた民法第七三二条を「わかりやすい文章」で示してみましょう。

・すでに結婚している人は、別の人と結婚できない。

一般的にはこれで十分です。しかし、この文章は法律家の目から見れば、不正確な文章になるでしょう。「すでに結婚している人」は既婚者、すなわち、誰かと結婚して今でもその人と一緒にいるという意味に取るものですが、一度結婚した経験のある人、すなわち、現在は以前のパートナーと別れている人も含めて解釈できないわけではありません。法律は社会のルールを厳格に決めるものなので、少しでも異なる解釈の可能性がある文言は避けなければなりません。常識的には「すでに結婚している人」で問題はないでしょうが、法律の条文としては「配偶者のある者」とする必要があります。

また、「別の人と結婚できない」は、厳密には誤りです。今のパートナーと別れてしまえば、別の人と結婚できるので、「別の人と結婚できない」わけではありません。つまり、そこには「今の相手と結婚しているあいだは」という暗黙の前提があるわけです。もちろん、常識的にはそのような解釈をする人はほとんどいないでしょうが、法律の条文としては少しでも解釈にあいまいさが生じる可能性があれば、それを回避する必要があるわけです。したがって、民法第七三二条の実際の条文は次のようになっています。

・配偶者のある者は、重ねて婚姻をすることができない。

けっして「わかりやすい文章」ではなく、冗長な感じがしますが、法律の条文としてはこちらのほうがよいでしょう。法律の条文は、「正確な文章」であることが優先されます。

では、「わかりやすい文章」よりも「正確な文章」のほうがよいのでしょうか。つねにそうとはかぎりません。私たちが通常やりとりする文章では、「すでに結婚している人は、別の人と結婚できない」のほうが、「配偶者のある者は、重ねて婚姻をすることができない」よりもわかりやすくてよいでしょう。つまり、「わかりやすい文章」と「正確な文章」は両立しないことがあり、「わかりやすさ」を優先すれば「正確さ」が失われ、「正確さ」を優先すれば「わかりやすさ」が失われる、いわばトレードオフの関係にあるわけです。

理想の人がいないように、理想の文章はありません。文章には万能の正解はないのです。あるのは最適解だけです。目的、読み手、ジャンル、ツール、文脈などによって最適な表現の仕方が変わるのです。したがって、私たちは理想の文章を目指すのではなく、ある表現方法を取ると、そこには長所と短所の両面が生じることを知り、長所が生き、短所が隠れるような、TPOに合った表現方法を選択する力を目指す必要があります。

【文章の心得】

・文章には万能の正解はない。あるのは、状況や文脈に応じた最適解だけである。よって、TPOに合った表現方法を選択する力を身につけることが大事。

文は人なり

理想の文章はないと申しましたが、言い方を変えれば、理想の文章の候補は多様であるという見方もできます。文章というのは、書き手の個性によって光り輝くもので、「みんなちがって、みんないい」ものです。

「文は人なり」という言葉があります。フランスの博物学者ビュフォンの言葉であり、「文」とは厳密には「文体」のことを指しているのですが、ここでは一般的な理解に従い、「ある文章を読めば、その文章を書いた人物の人柄がわかる」と理解しておくことにしましょう。つまり、「文章は、書き手の人柄を表す」わけです。

クラウドソーシングをはじめ、オンライン上での業務が盛んになるにつれ、「文は人なり」という言葉が今まで以上の重みをもつようになりました。Ｗｅｂコミュニケーションが進むと、やりとりする文書をつうじて相手の人柄を想像するようになるからです。

Ｗｅｂコミュニケーションでは、会う機会が少ない人と文書のやりとりをするだけでなく、一度も会ったことがない人と、ときには名前も所属もわからない人とも、文書だけでコミュニケーションすることがあります。その場合、文書が相手の人柄を知る手がかりのすべてです。私たちは文書から、相手が仕事のパートナーとして信頼に足る人物かどうかを判断しているのです。

私たちは、ビジネス文書をつうじて情報のやりとりだけを行っているように考えがちですが、それは錯覚です。私たちは、ビジネス文書から透けて見える人物と対話をしているのです。ビジネス文書を書くということは、じつは自分自身の人柄や内面を相手に見せることなのです。そして、そうしたビジネス文書の特徴は、顔を合わせる機会の少ないWebコミュニケーションで顕著に現れます。

【ビジネス文書の特徴】

・ビジネス文書、とくにWebコミュニケーションでやりとりされるビジネス文書では、その文書をつうじて、情報だけでなく、互いの人柄や内面もやりとりしている。つまり、私たちは、情報だけでなく、その背後にある人間を見ているのである。

キャラとしてのビジネス文書

そこで、考える必要があるのは、自分自身のキャラ（＊定延二〇二〇）です。キャラ作りのさいに重要なのは、自分が書いた文章をつうじて相手に自分がどう見えるのか、また、どう見せたいのかを考えることです。すでに述べたように「文は人なり」で、理想の文章はありません。Ｗｅｂコミュニケーションが進むということは、文書が自分の顔として独り歩きすることです。したがって、自分の書く文章をつうじて個性をどのように出すのか、一人ひとりが問われる時代になっているといえます。

ビジネス文書が「文は人なり」で、書き手の人柄がにじみでるものである以上、文書でいかに的確に書き手の人柄を伝えるかが重要になります。書き手の人柄には個性があり、それはキャラとして類型化されています。つまり、ビジネス文書で私たちが伝えているのは、書き手のキャラなのです。読み手は文面から読み取れるキャラを見て、この人は仕事ができそうかどうか、人間性に問題がなさそうかどうか、自分と相性がよさそうかどうかなどを判断します。そこで、ビジネス文書を書くときは、書き手のキャラ作りが重要になります。

【ビジネス文書のキャラ作り】

・ビジネス文書には書き手の個性が表れるので、自分がどのようなキャラとして見られたいのか、というキャラ作りが重要になる。

本書では、私たちが書く文章の特徴を四つの軸から捉え、その特徴を表すキャラをお示しします。第一の軸は「情報の質」です。「情報の質」は、正確さ重視の「きっちりキャラ」と、わかりやすさ重視の「ざっくりキャラ」に分かれます。第二の軸は「情報の量」です。「情報の量」は、詳しく伝える「たっぷりキャラ」と、無駄を省く「すっきりキャラ」に分かれます。第三の軸は「感情の質」です。「感情の質」は、折り目正しい「しっかりキャラ」と、開放的な「わいわいキャラ」に分かれます。第四の軸は「感情の量」です。「感情の量」は、慎重に迫る「じっくりキャラ」と、自然体の「あっさりキャラ」に分かれます。私たちがどのような表現を選ぶと、こうした八つのキャラの発動につながり、私たちの個性として読み手に伝わってしまうのか、あるいは伝えることができるのか、ここからは、表現とキャラの関係について考えていきます。

【キャラによる文章のタイプ別分類】

	質の面	量の面
情報	きっちりキャラ／ざっくりキャラ	たっぷりキャラ／すっきりキャラ
感情	しっかりキャラ／わいわいキャラ	じっくりキャラ／あっさりキャラ

●情報の質――正確さ重視の「きっちりキャラ」

「正確さ」と「わかりやすさ」の対立

■情報の質」という軸で考えると、正確さ重視の「きっちりキャラ」と、わかりやすさ重視の「ざっくりキャラ」に分かれます。それぞれのキャラについて詳しく説明するまえに、正確さとわかりやすさに関連して考えておきたいことが二点あります。

第一点は、「正確さ」と「わかりやすさ」は矛盾する場合が多いということです。これについては、先ほど、民法第七三二条を例に見たとおりです。また、私も委員を務めている文化庁文化審議会の報告『分かり合うための言語コミュニケーション』のなかでも、「正確さ」と「わかりやすさ」が対立する側面を持っていることが指摘されています。つまり、私たちが表現を選ぶ場合、「正確さ」を犠牲にして「わかりやすさ」を取るか、「わかりやすさ」を犠牲にして「正確さ」を取るか、厳しい選択を迫られることが少なからずあるということです。

第二点は、ビジネス文書の場合、スピード感が重視されるため、「正確さ」よりも「わかりやすさ」を優先することが暗黙の前提のようになっているということです。つまり、産業界は、「わかりやすさ症候群」にかかっているわけです。しかし、「わかりやすさ」を優先すると、議論がどうしても乱暴になり、嘘が混入し、議論の精度が下がります。「わかりやすさ」は大事だとは思うのですが、万能視するのは危険であり、「正確さ」も同じくらい大事であるということは、あらかじめ指摘しておきたいと思います。

【「正確さ」と「わかりやすさ」】

・「正確さ」を突き詰めると「わかりやすさ」が失われ、「わかりやすさ」を突き詰めると「正確さ」が失われやすい。ビジネス文書では「わかりやすさ」が優先されがちだが、「正確さ」を犠牲にしてまで「わかりやすさ」を優先すると、嘘が混じりやすい。

専門家キャラ――正確さ重視の「きっちりキャラ」①

ある仕事が正確であるということは、間違いがないことを意味します。文章でいえば、誤解もなく、嘘もない文章ということになるでしょう。誤解もなく、嘘もない文章を作るのが得意なのは、学術研究に携わる研究者であったり、法案作成に携わる法曹関係者であったりします。しかし、研究者の執筆する研究論文も、法曹関係者の作成する法律の条文も、難解で知られ、一般には評判の悪い文章です。文章で正確さを極めると、一般の人にはどうしても読みにくくなってしまうわけです。

しかし、ビジネスの世界でも、データに基づいて企画開発を行うわけですから、報告の文書には一定の正確さが求められます。たとえば、次のような文はどうでしょうか。

・大学生二四〇名を対象にアンケートを取った結果、免許を持っている人の数は約二五%であることがわかった。

書いてあることはわかるのですが、事実をめぐる記述がぼんやりしているように感じないでしょうか。あいまいさを減らすと次のようになります。

・都内の私立大学に在学する学部一・二年生男女各六〇名、計二四〇名を対象にアンケートを取った結果、普通自動車免許の保有者数は約二五%であることがわかった。

「大学生二四〇名」を「都内の私立大学に在学する学部一・二年生男女各六〇名」に、「免許を持っている人の数」を「普通自動車免許の保有者数」にしました。それによって、仕事ができるキャラかどうかのイメージが一変することが一目でわかるでしょう。「大学生」

と一口に言っても、地域によっても、一八歳か二二歳かという年齢によっても、男女という性別によってもかなり違います。そこで、「都内の私立大学に在学する学部一・二年生」とすると、かなり正確になります。また、「免許を持っている人の数」といったときの「免許」も人によって想像するものが異なりそうです。調理師免許や船舶免許を思い浮かべる人はいないでしょうが、大学生ならば教員免許などの可能性もありますし、運転免許証も、自動車のみにするか、原付まで入れるかどうかで変わってくるでしょう。「普通自動車免許の保有者数」とすると、やはり正確になります。

私たちが数値を伴うデータを報告する場合、用語の厳密さによって数値が大きく変わってきてしまいます。情報の価値を高めるためにも、正確な表現を用いて正確さを優先させる必要があります。こうしたことがきちんとできる人は、「きっちりキャラ」のなかでも専門性の高い「専門家キャラ」として重宝されることでしょう。

学術の世界には専門語があります。ビジネスの世界では業界語と言い換えられるものです。専門語をきちんと使い分けられるかどうかが、「専門家キャラ」としての評価の分かれ道です。たとえば、社会人として、「会議」「ミーティング」「打ち合わせ」の違いがわかるでしょうか。こうした区別がきちんとできていないと、「専門家キャラ」として信用されません。もし段階で区別すると、次のようになるでしょうか。

・（規模大）「会議」＞「ミーティング」＞「打ち合わせ」（規模小）
・（公式）「会議」＞「ミーティング」＞「打ち合わせ」（非公式）
・（計画的）「会議」＞「ミーティング」＞「打ち合わせ」（即興的）

つまり、規模が大きくて参加人数も多く、誰が招集するか、誰が参加できるかなどの手続きも厳密に決まっていて、「議事次第」というプログラムも準備されているのが「会議」です。そこから少し外れるのが「ミーティング」、大きく外れるのが「打ち合わせ」です。こうした違いだけでなく、質的な違いもあります。「会議」は「話し合って決めること」です。ビジネス会議は「決めること」に、シンポジウムのような学術会議は「話し合う」ことにそれぞれ力点があります。「ミーティング」は「情報を共有して話し合うこと」です。朝の「ミーティング」のような定期的な情報交換によく使われ、顔合わせ自体も重要です。

「打ち合わせ」は「準備のために相談すること」です。会議の事前準備の意味でもよく使われ、根回しの場にもなります。

しかし、「会議」「ミーティング」「打ち合わせ」も話し合いという点では共通しており、その意味で「会合」の下位語と考えられるでしょう。つまり、「会議」も「会合」、「ミーティング」も「会合」、「打ち合わせ」も「会合」です。

「会議」に似た言葉に「集会」や「総会」という言葉もあります。「集会」は共通の目的のために大勢の人が集まることで、「決めること」にではなく「集まること」に主眼があります。一方、「総会」は「会議」と同様に「決めること」が中心ですが、全員参加の多数決が重視され、専門性の高いメンバーによる徹底的な議論が行われるわけではない点が、「会議」との大きな違いです。

今度は少人数で会って話すことを、「面接」とその類義語を例に考えてみましょう。たとえば、転職のための相談に行く場合、次のように書くのはどうでしょうか。

・一度詳しいお話をお聞かせいただきたいので、面接に伺ってもよろしいでしょうか。

「面接」という語がおかしい気がしないでしょうか。「面接」だと試験を受けることになってしまいます。しかし、「面会」だと病院にお見舞いに行くようですし、「接見」だと警察や拘置所に会いに行くようです。外来語の「インタビュー」だと取材のようですし、「ヒアリング」だと現場に情報収集に行くことになってしまいます。この文脈では、「面談」か「相談」が適切でしょう。こうした業界語の選び方一つにも、その人の専門性が表れますので、注意が必要です。

もし「面接」という語を使って、どこか違和感を覚えたら、かならず『類語辞典』（シソーラス）を使って調べるようにしましょう。「面接」を調べれば、「面会」「接見」「ヒアリング」「インタビュー」「面談」といった類義語も見つかり、比較検討してもっとも適切な語を選ぶことができます。「会議」を調べても、やはり「ミーティング」「打ち合わせ」「会合」「集会」「総会」が出てきますので、そのなかからもっともふさわしいものを選べばよいわけです。ふつうの『国語辞典』は読んでいるときに意味の知らない言葉に出会った場合に調べる「読むための辞典」であるのにたいし、『類語辞典』は似た意味の使い分けで迷ったときに最適な語を選ぶ「書くための辞典」です。『国語辞典』は語が五十音順に並んでいますが、『類語辞典』では語が意味のカテゴリ別にまとめられていて、類義語の比較に便利な「専門家キャラ」必携の辞典です。

【表現の工夫①　類義語を比較検討する】

・仕事ができる人と見なされるためには専門用語の選択の正確さがカギになる。文脈に合った適当な語が見つからないときは、『類語辞典』を使って類義語を調べ、そのなかから比較検討して選ぶとうまくいく。

もちろん、辞書は万能ではなく、その文脈にかぎって言い換えが可能になる言葉もあります。そうした言い換えについては、小著『大人のための言い換え力』（NHK出版）や『語彙力を鍛える』（光文社）を参考にしてください。

博識キャラ―正確さ重視の「きっちりキャラ」②

「博識キャラ」は、語彙力が豊富で、書き言葉にふさわしい日本語を選択できるキャラです。「博識キャラ」は、洗練された表現の使い手であるため、賢く、仕事ができるように見える特徴があります。

「博識キャラ」の言葉遣いの特徴は、書き言葉らしい漢語選びにあります。たとえば、コンビニの食品ロスの問題で、販売期限が切れた弁当について論じる場合、

・まだ食べられる弁当を捨てるのはもったいない。

と表現する人は多いでしょう。話し言葉のほうが気持ちは伝わりますが、書き言葉としてはこなれていない印象です。そこで、

・品質が劣化していない弁当を廃棄するのは忍びない。

とすると、大人の言葉遣いになり、仕事のできる人柄が伝わります。「もったいない」を「忍びない」に言い換えたことにくわえ、「品質」「劣化」「廃棄」といった漢語を選択したことで、落ち着いた文体に仕上がっています。

こうした「博識キャラ」にふさわしい、大人の書き換えを練習してみましょう。次の①〜⑤の文の傍線部を大人の表現にしてください。

①直接交渉はやめたほうがいいです。
②脳梗塞を起こし、三週間の入院生活をした。
③取引先の書面にどことなく嘘っぽさを感じた。
④納期の大幅な遅れにより、仕事が進まなくなった。
⑤キャンセル料が生じた場合は、私が持ちます。

①「やめたほうがいいです」は、「控えたほうが賢明です」とすると、ぐっと書き言葉らしくなります。

②「入院生活をした」は、喜んで入院していたわけではなく、仕方なく入院していたわけですから、「入院生活を余儀なくされた」とすると、大人の感じが出るでしょう。

③「嘘っぽさを感じた」は、素直な感情の発露ですが、明らかに話し言葉です。「違和感を覚えた」という控えめな表現が、書き言葉にはふさわしいでしょう。

④「仕事が進まなくなった」は、前半の「納期の大幅な遅れにより」という書き言葉的な表現と相性が悪そうです。「業務に支障をきたした」とすることで、表現のバランスを回復できます。

⑤「私が持ちます」は、話し言葉であれば自然な表現ですが、書面ではややぎこちない印象です。「自己負担いたします」とすることで、社会人らしい表現になるでしょう。

このように、二字の漢字をベースにした漢語を使うことで、社会人らしい大人の言葉遣いにすることができます。

【表現の工夫② 漢語を使って賢く見せる】

・和語を使った文書は日常的な話し言葉に、漢語を使った文書は落ち着いた書き言葉に近づく傾向がある。そこで、漢語を豊富に使うことで、大人の言葉遣いにできる。

大人の言葉遣いにするには、漢語をさらに外来語にする方法があります。ビジネス用語として定着しているのは、次のような外来語です。漢語と比較して示します。

・外部委託—アウトソーシング
・議題—アジェンダ
・主導権—イニシアチブ
・技術革新—イノベーション
・証拠—エビデンス
・合意—コンセンサス
・要約—サマリー
・作業—タスク
・交渉—ネゴシエーション
・決定—フィックス
・優先順位—プライオリティ
・保留—ペンディング
・資源—リソース
・再確認—リマインド

漢字でも十分に文書で通用しますが、外来語にすることで洗練された印象はさらに高まり、新しさを出すことができます。

もちろん、漢語の使いすぎは難しく堅苦しくなりますし、外来語の使いすぎは意味がわかりにくく軽薄にもなります。薬と同様に、言葉でも使いすぎには副作用がありますので、節度を保って使うのがよいでしょう。

【表現の工夫③　外来語を使って賢く見せる】

・英語などに由来する外来語を使った文書は、洗練された印象が高まり、新しさが出る。
そこで、外来語を豊富に使うことで、しゃれた大人の言葉遣いになる。

一方、「博識キャラ」を印象づけるには、否定表現も有効です。肯定表現で直接的に表現すると単純に響きますので、否定表現で婉曲的に表現することで表現に重みを加えることができます。直球で押すのではなく、変化球を交えて緩急を出す表現です。次の⑥〜⑩

の文の傍線部を「〜ない」を使った否定表現にしてみてください。

⑥ご提案に賛成です。
⑦コストは安いほうがいい。
⑧このような不祥事を起こしてしまい、心から恥ずかしく思う。
⑨幼い子どもを車内に放置するなんて、たいへん危ない行為だ。
⑩交渉相手の頑強な抵抗に、どうしようもなかった。

⑥「賛成です」は「異存ありません」とすることで、大人の表現になります。⑦「安いほうがいい」は率直ですが、身も蓋もないので、「安いに越したことはない」とします。⑧「心から恥ずかしく思う」は「慙愧《ざんき》に堪《た》えない」です。「慙愧に堪えない」は反省や謝罪を込めた言葉です。最近、「残念に思う」や「憤りを覚える」という意味で使うのを見聞きしますが、自分と関わりがないこと、あるいは自分に責任がないことに「慙愧に堪えない」を使うのは誤りなので、注意が必要です。⑨「たいへん危ない行為だ」は「危険極

まりない」です。否定表現でこうした切迫感を示すことも可能です。⑩「どうしようもなかった」は「なすすべもなかった」となります。ただ、ここでは様々な表現が考えられるところで、「歯が立たなかった」「手の施しようもなかった」「取りつく島もなかった」なども入りそうです。

ほかには、「〜せざるをえない」や「〜を禁じえない」という否定表現もあります。夏目漱石のデビュー作『吾輩は猫である』に出てきて、否定表現を多用する「猫」のように、否定表現は賢さを表すと同時に、もったいぶったキャラにもなりますので注意は必要ですが、「博識キャラ」を示す有力なツールであることは疑いありません。

【表現の工夫④　否定表現を使って賢く見せる】

・直接的な肯定表現よりも、「〜ない」を用いた否定表現はその婉曲性により、知的な印象を出すことができる。

職人キャラ――正確さ重視の「きっちりキャラ」③

「職人キャラ」の特徴は、日本語表現の正確さのあくなき追求です。キャラには通常、長所と短所の両面があるものですが、職人キャラは短所として働くことはありません。正確な日本語の使い方をして、ネガティブな評価を受けることはないからです。

「職人キャラ」は、その場の文脈に合った言葉選びが巧みです。たとえば、

・大手総合商社では社員の二～三割が常時海外に滞在しているという。

という文では、「滞在」という動詞に引っかかりを覚えます。長期滞在という言葉はあるものの、滞在は通常短期ですし、滞在だと一時的にそこに留まっているというニュアンスが強くなるからです。別の候補を考えたとき、まず思い浮かぶのは「居住」「移住」ですが、「移住」だと会社で働くことにではなく家に住むことに焦点が当たってしまいますし、「居住」だと日本から海外への移動に読み手の注意が向いてしまいます。また、「ステイ」だ

と「滞在」と同様の意味で語感だけが軽くなりますし、「在留」だと反対に留まりつづけるという意味が強くなってしまいます。いずれを選んでも、「滞在」のほうが勝るような気がします。

しかし、「滞在」よりも適切な言葉があります。それは「駐在」です。「駐在」というのは、本国の企業や政府から派遣され、長期間にわたり、現地と本国との橋渡しとして任務に当たることを言います。出張でも訪問でも観光でも何でもよい「滞在」とは異なり、勤務による「滞在」に限定されます。そうした意味で、「駐在」のほうが、この文脈ではしっくりくるわけです。

「職人キャラ」は、とくに前後の文脈に合った言葉の組み合わせに気を配ります。

・実務経験が小さい方の応募も歓迎いたします。

「経験」は大きさではなく量ですから、「小さい」「大きい」ではなく、「少ない」「多い」と表現するものです。しかし、「実務経験が少ない方」というのも、表現としては今一つのような気がします。「実務経験が乏しい方」「実務経験が足りない方」というのも、応募歓迎という文脈では不十分な語彙選択でしょう。もっともよさそうなのは、「実務経験が浅い」です。「少ない」よりもしゃれていますし、「乏しい」「足りない」ほどのネガティブなニュアンスもありません。

「経験が少ない」と「経験が浅い」のような名詞と形容詞の組み合わせ、「焦点を当てる」と「焦点を絞る」の組み合わせなど、どちらを選んだらよいかで悩むことは少なくありません。こうした迷いが生じたとき、どうしたらよいでしょうか。その答えは、インターネットで検索し、どの組み合わせが一般的か、確認することです。ただし、グーグル（Google）だけに依存するのは、あまりお勧めしません。検索結果の件数があてにならないからです。その点、正確なのは、国立国語研究所の「現代日本語書き言葉均衡コーパス」です。「少納言」で検索すると、すぐに出てきます。コーパスというのは、大量の言語資料を集め、パソコンで分析や検索ができるように電子化された言語のデータベースです。ちなみに、「中納言」というものもあり、登録が必要で操作は複雑ですが、より精度の高い検索が可能です。「中納言」には、日常会話、古典、方言、外国人の日本語なども含まれています。

【「現代日本語書き言葉均衡コーパス」の長所】

①検索結果の件数が正確である
②書き言葉らしい文章が中心である
③用例や出典が参照しやすい

【「現代日本語書き言葉均衡コーパス」の短所】

①用例の出典がやや古い（二〇〇五年まで）
②用例数が少ない（インターネット全体にくらべて）

たとえば、送り仮名を取った「経験が浅」で調べてみると二八件、「経験が少」は四六件です。また、「経験が小」は〇件、「経験が乏」は一〇件、「経験が足」は五件です。もし「経験が」でそのあとの形容詞が思い浮かばない場合は、「経験が」を検索して、用例を眺めてみれば、どの形容詞がよさそうか、あたりをつけることができるので便利です。

こうした作業の結果、どんな名詞とどんな形容詞の相性がよいかを調べることができます。たとえば、名詞「影響」「傾向」「頻度」「場合」と形容詞「大きい」「強い」「高い」「多い」の組み合わせを調べると、「影響」は「大きい」、「傾向」は「強い」、「頻度」は「高い」、「場合」は「多い」との相性がよいことがわかります。詳しいデータは、小著『豊かな語彙力を育てる』（ココ出版）に載せましたので、参考にしてください。

ちなみに、「可能性」は「高い」との相性がもっともよく、「大きい」や「強い」とも一緒に使えます。「確率」も「高い」との相性がよいのですが、「公算」は「大きい」との相性がよさそうです。一方、「見こみ」「おそれ」はそもそも形容詞との相性があまりよくなく、「ある」「ない」の問題として語られることが多いという傾向が見られます。

【表現の工夫⑤　文脈に合った言葉選び】

・正確な言葉遣いを考える場合、文脈に合った言葉選びが重要で、とくに言葉の組み合わせが重要になる。その場合、コーパスを使った検索で確かめる方法が有力である。

また、前後の言葉の組み合わせに敏感な「職人キャラ」は、重複を嫌います。話し言葉では、「まず最初に」や「違和感を感じる」といった重複はあまり気になりませんが、書き言葉ではこうした重複表現、すなわち重言は冗長であり、「職人キャラ」にとって避けるべき対象となります。

「職人キャラ」になりきって、次の①〜⑤の文の重複部分を指摘してください。

①こまめに水分補給を取ってください。
②賛成が過半数を超えた。
③駅周辺は大きく様変わりした。
④現金のみでしか支払えません。
⑤新しく買ったばかりのパソコンがフリーズした。

①は「水分補給を取ってください」が重複しています。「水分を補給してください」で十分でしょう。

②「過半数を超えた」は明らかな重複です。「半数を超えた」か「過半数だった」とするところです。

③「大きく様変わりした」は「小さく様変わりする」ことはないので、「大きく」は不要です。「事前の準備」「後で後悔する」の「事前の」「後で」が不要なのと同じ理屈です。

④「現金のみでしか支払えません」は「支払いは現金のみです」か「現金でしか支払えません」のいずれかです。

⑤「新しく買ったばかりのパソコン」は話し言葉ではよく使いますが、「新しく買ったパソコン」か「買ったばかりのパソコン」で十分です。

重言は「頭痛が痛い」のような典型的なものばかりではありません。とくに、呼応で重複するものには注意が必要です。

【表現の工夫⑥　重言を避ける】

・書き言葉では重言を避けるのが基本だが、呼応関係にあるものは見落とされやすい。このため、つねに無駄な表現を削るという目で文章を見なおす必要がある。

●情報の質——わかりやすさ重視の「ざっくりキャラ」

塾講師キャラ——わかりやすさ重視の「ざっくりキャラ」①

すでに述べたように、正確さとわかりやすさはしばしば矛盾するものです。契約書などの法的な文書や科学的な学術文書は別として、ビジネス文書は当事者間でわかりあえることが何より大事ですので、わかりやすさ優先が原則です。

「塾講師キャラ」というのは、難しい内容を、さほど知識のない相手にでもわかりやすく伝えることに長けたキャラです。「塾講師キャラ」は読み手を具体的に想定し、想定した読み手が理解できるかどうかを検討するところから始めます。

ここでは、医療用語を例に考えてみましょう。医療用語というと、病名がまず思い浮かびますが、理解を妨げるのはそれだけではありません。とくに人間の身体部位の用語は一般の人にとってわかりにくいものです。「頸部《けいぶ》」「大腿《だいたい》」「心窩部《しんかぶ》」「臀部《でんぶ》」などと難しい漢字が並ぶと、それだけで読み手である患者は萎縮《いしゅく》してしまいます。「頸部」は「首」、「大腿」は「もも」、「心窩部」は「みぞおち」、「臀部」は「お尻」と言い換えれば、確実に理解できます。

また、文章は書くのが大変なので、略語を使いがちです。専門家同士であれば、それでも伝わるのでしょうが、一般の読み手には伝わりにくいものです。看護師間では容易に理解できる略語でも、一般の患者が目にする文章の場合、入浴禁止を表す「入禁」は「入浴取りやめ」、体位変換を表す「体変」は「寝返り介助」などと、一目でわかる言い換えをしておく必要がありそうです。

さらに、専門用語を使うと、思わぬ誤解が生じることがあります。とくに患者さんやその家族が中途半端にその専門用語を知っている場合に深刻な問題が生じがちです。たとえば、一般の人は、「腫瘍」と聞くと、「悪性腫瘍」すなわちガンだと考えがちです。したがって、「腫瘍を放置する」と言うと、患者やその家族に大きな抵抗を示されかねませんので、良性な腫瘍もあり、問題になることはまずないという理解を得ることが条件です。

もちろん、インフォームド・コンセント（十分な説明を受け納得したうえでの同意）は必要ですが、「腫瘍」ではなく、「できもの」という語を使うのも一つの考え方といえます。正確さは失われ、ざっくりした言葉遣いになってしまいますが、理解を優先する場合はやむをえないでしょう。

医療用語は一例にすぎません。金融用語、不動産用語、自動車用語、ＩＣＴ用語、官庁用語など、一般の読み手は、知識不足のため専門用語を誤解しがちです。そのため、知識の差を埋めるために、読み手が理解できそうな語に置き換える作業をつねに意識して文章を書く必要があるわけです。また、専門用語の導入が必要な場合、「インフォームド・コンセント（十分な説明を受け納得したうえでの同意）」と私が直前で書いたように、「専門用語（専門用語の語釈）」という、セットにした書き方をするのも一つの方法です。

また、医療用語は漢字がとくに難しいので、「痙攣」「潰瘍」「頓服」などは漢字で書かれても、読めもせず、意味も取れないおそれがあります。「痙攣（けいれん…意志とは無関係に起きる筋肉の収縮）」「潰瘍（かいよう…ひどいただれ）」「頓服（とんぷく…症状が出たときの飲む薬）」などと、読みと意味をペアにすると理解が進みそうです。

【表現の工夫⑦　読み手の知識を想定する】

・ビジネス文書は読み手に理解されることが最優先である。そこで、読み手の知識を想定し、それに合わせた表現を選択する必要がある。

また、「塾講師キャラ」の特徴は、重複をいとわずに説明するところにあります。重言は避けたほうがよいのですが、読み落としや読み誤りが起きないように、反復を用いた工夫をするのも大事な考え方です。次の①～⑤の文を見て、このままメールとして相手に送ると、どのような誤解が生じる可能性がありますか。

①木曜日までに提出してください。
②会議の開始は一四時です。
③来週の月曜日までにお願いします。
④お昼過ぎに事務室に立ち寄ります。
⑤店内改装のため、二〇日まで休業となります。

①は「木曜日」が誤解を引き起こす要因です。今週の木曜日なのか、来週の木曜日なのかがわからないからです。また、読み手がみんな目がよいわけでも、メールの文面を慎重に読むわけでもありません。「木曜日」と「水曜日」は取り違えやすいものです。「月曜日」「火曜日」「金曜日」であれば誤解は少ないのですが、「水曜日」「木曜日」の場合、私はかならず「二五日木曜日までに」のように日付とセットで書くようにしています。また、日付とセットで書いておくと、自分自身のミスも防げます。日付と曜日が合っていないと、読み手がどちらが正しいのか聞いてきてくれるのです。よく見たら、来月のカレンダーを見ていたなどというミスは、よくあることです。日付と曜日はセットで書くのが基本です。

②も「一四時」がしばしばミスを引き起こす要因となります。「一四時」を「午後四時」と取り違えてしまうのです。「一四時（午後二時）」や「一四時（昼食後まもなく）」などとしておくと、取り違えを防ぐことができます。また、私自身は最近海外とのやりとりが多いので、「日本時間一四時（北京時間午後一時）」などと日本時間と現地時間を併記するようにしています。それもまた、読み手の立場に立って誤解を防ぐ工夫です。

③は「来週の月曜日」が問題になります。夕方から夜の時間に送る「明日」、木曜日か

ら金曜日に送る「来週の月曜日」、月の二五日以降に送る「来月」は、読み手のメール開封のタイミングで誤解が生じます。こうした相対的日時を表す表現には、絶対的日時を併記するように心がけます。

④「お昼過ぎに事務室に立ち寄ります」は、相手にとって迷惑になる可能性の高い表現です。かりにお昼休みが一二時一五分から一三時までの職場の場合、一二時から一二時一五分に来る可能性と、一三時以降に来る可能性があり、お昼休みのランチに行く計画を立てにくくなってしまうからです。そもそもお昼休みの前後に事務室に行くこと自体が非礼なのかもしれませんが、もし行くにしても、正確に時間を書かないと、相手の負担になってしまうことに留意が必要です。

⑤「店内改装のため、二〇日まで休業となります」は、二〇日が休業日になるかどうかの問題です。二〇日は休業日で、二一日から再開すると解釈するのが常識的かもしれませんが、じつは違うかもしれません。二一日から再開するのであれば、「二一日から通常営業となります」と添えておくことで誤解は防げます。

【表現の工夫⑧　理解に保険をかける】

・日付や時間など、誤解を招きやすく、また、誤解されることで先方に迷惑がかかる内容には、複数の書き方をして、読み手の理解に保険をかけることが大事である。

日本語教師キャラ―わかりやすさ重視の「ざっくりキャラ」②

6・2の「博識キャラ」で、漢語や外来語を使うことで洗練された印象を与えることができると述べました。しかし、これは両刃の剣です。漢語や外来語を使う場合、専門用語でなくても、読み手にはわかりにくくなってしまうのです。

とくに、政府や政治家がこうした傾向に拍車をかけています。「ガバナンス」「レガシー」「コンプライアンス」「サスティナビリティ」「ステークホルダー」など、政府や政治家の言葉には外来語があふれています。その対訳である「統治」「遺産」「法令順守」「持続可能性」「利害関係者」という漢語でも十分難しいのですが、外来語を使われると理解が追いつかず、けむに巻かれているような気がします。こうした日本語をやさしくし、ふつうに伝わる言葉に変えていく努力が私たち市民に求められています。

近年、「やさしい日本語」が注目を浴びています。一九九五年の阪神・淡路大震災を機に、弘前大学の社会言語学研究室で始まった「やさしい日本語」への書き換えの活動は、二〇一一年の東日本大震災を経て、いまや全国各地で展開されています（＊庵二〇一六）。「やさしい日本語」で書かれたニュースであるＮＥＷＳ ＷＥＢ ＥＡＳＹや、「やさしい日本語」に書き換えられた公文書（＊岩田二〇一六）などが普及しているのは、日本に住む外国人のみならず、高齢者や子どもたちにとってもありがたいことです。

一方で、簡単な語彙や文法で表現する「やさしい日本語」は、書き手の品性が疑われるというおそれから、強い違和感を覚える人も少なくありません。たとえばこのような例が見られます（＊庵二〇一一）。


（原文）実施機関は、行政文書を閲覧する者が、当該行政文書を改ざんし、汚損し又は破損するおそれがあると認めるときは、当該行政文書の閲覧又は視聴の中止を命ずることができる。

（書き換え例）市の文章を見る人が、その文章に別のことを書いたり、汚したり、破ったりするかもしれないときは、その人はその文章を見ることなどをやめるように言うことができます。

難解な公用文をここまで易しく言い換えることができるのです。外国人に日本語を教える日本語教師はともかく、日本人のなかには子ども扱いされているようで抵抗のある人も多いかもしれません。しかし、わかりやすさを極めると、ここまで変わるのです。「やさしい日本語」の書き換え規則やシステムも整備されつつありますし、書き換え例もすでに多様なものが公開されていますので、ウェブサイトなどでぜひ一度調べてみてください。

【表現の工夫⑨　「やさしい日本語」の活用】

・おもに外国人を対象にした「やさしい日本語」が急速に普及しつつある。そうした研究成果を自分の文書作成に役立てることもできる。

私が本書の第一部を書くとき、Ｚｏｏｍ、マイクロソフトチームス（Microsoft Teams）、グーグルミート（Google Meet）などを使った会議にどのような語を選ぶか、悩みました。「テレビ会議」「ビデオ会議」も考えたのですが、言葉として古いことと、パソコンではない専用端末を使うものを「テレビ会議」「ビデオ会議」と称していることが多かったため、避けました。「リモート会議」「遠隔会議」も考えましたが、離れた場所という観点に主眼がないことで候補から外しました。インターネット回線を使ったパソコンによる会議という観点を重視し、「オンライン会議」と「Ｗｅｂ会議」のどちらにするかで迷いましたが、最終的に「Ｗｅｂ会議」を選びました。インターネットで何度か検索をかけた結果、現在もっとも使用されている一般的な語だと判断できたからです。長いものに巻かれることばかりがよいとは思いませんが、本書のような新書の場合、もっとも一般的な語がもっとも多くの読者に届くと考えました。

同じように、遠隔での働き方の用語選びにも、頭を使いました。『在宅ワーク（在宅勤務）』がもっともわかりやすいと思ったのですが、在宅という場所に限らないので、外さざるをえませんでした。反対に、「モバイルワーク」は外に出て働く形態を指すことが多いので、やはり外しました。最後まで残ったのが「テレワーク」と「リモートワーク」でしたが、最終的に「リモートワーク」を選択しました。私自身は「日本テレワーク学会」の会員でもあり、総務省が用いている「テレワーク」に愛着があったのですが、現在もっとも多く用いられているのが「リモートワーク」であり、「テレワーク」はひと昔前によく使われた言葉という語感があったためです。

じつは、「オンライン会議」「テレワーク」という語で当初進めていた本書の執筆ですが、「Ｗｅｂ会議」「リモートワーク」に切り替えた決め手は「世間にもっとも普及している語」という点でした。わかりやすさという観点からすると、それがもっとも手堅い考え方のように思います。

【表現の工夫⑩　わかりやすい語を選ぶ基準】

・似たような意味の複数の語が存在する場合、そのなかから、もっともわかりやすい語を選ぶ基準として、どの言葉が世間でもっともよく使われているかを調べると、読み手に理解される語が確実に選択できる。

編集者キャラ―わかりやすさ重視の「ざっくりキャラ」③

編集者は、出版する本や雑誌の編集を担当しています。編集者の仕事は、ライターさんに原稿執筆を依頼することと、ライターさんの原稿をよりよいものにして読者に届けることです。とくに、原稿を読みやすいものにする技術に編集者は長けており、文章の書き手が編集者から学ぶことはたくさんあります。

優れた編集者はざっと見てその原稿が読みやすいものであるかどうか判断します。そこで大事なのは目の動きです。目の動きが少ない原稿が読みやすい原稿です。読み手の目の動きを少なくするには、文頭から読んでいったときに返り読みする必要がない、一読で意味が取れる文を書くことです。

「一読必解」という私の造語があるのですが（＊石黒二〇一〇）、一度読めばスッと内容が頭に入る文のことを指しています。

「一読必解」の文を作るポイントは、要素の並べ方と、節の並べ方に分けて説明すると理解しやすいでしょう。まずは要素の並べ方について説明します。

要素の並べ方は、いわゆる語順のことです。語順は「いつ、どこで、誰が、何を、どうした」という基本語順に従いますが、その語順が変更される要因が二つあります。一つは各要素の長さ、もう一つは情報の新旧です。

次の文でそのことを確認しましょう。

・来週の火曜日に／近所の公民館で／ママ友サークルが／子育て勉強会を／開催します。

「近所の公民館で」を「私たちがふだんよく利用している近所の公民館で」にしてみましょう。

・来週の火曜日に私たちがふだんよく利用している近所の公民館でママ友サークルが子育て勉強会を開催します。

この文は読みにくいでしょう。そこで、次のように「私たちがふだんよく利用している近所の公民館で」を文の先頭に置くとわかりやすくなります。

・私たちがふだんよく利用している近所の公民館で来週の火曜日にママ友サークルが子育て勉強会を開催します。

ここからわかることは、長い要素は文頭に出したほうが読みやすいというルールです。語順を乱すもう一つの要因である、情報の新旧についても考えてみましょう。

・(同じ保育園に通う子どもたちのママ友が集うサークルが最近できました。)来週の火曜日に近所の公民館でそのママ友サークルが子育て勉強会を開催します。

直前の文によって「そのママ友サークルが」が、すでに知っている旧情報になった結果、この文も読みにくくなってしまいました。次のように「そのママ友サークルが」を先頭に出すと読みやすくなるでしょう。

・（同じ保育園に通う子どもたちのママ友が集うサークルが最近できました。）そのママ友サークルが来週の火曜日に近所の公民館で子育て勉強会を開催します。

さらに読みやすくするには、長い要素や旧情報として文の先頭に移動させた要素の直後に読点（、）を打つことです（＊本多一九七六）。

・私たちがふだんよく利用している近所の公民館で、来週の火曜日にママ友サークルが子育て勉強会を開催します。

・そのママ友サークルが、来週の火曜日に近所の公民館で子育て勉強会を開催します。

これが、「一読必解」に必要な語順と読点のルールになります。

【表現の工夫⑪　「一読必解」できる要素の並べ方】

・文の要素の並べ方を考えた場合、「いつ、どこで、誰が、何を、どうした」という基本語順に加え、「長い要素を前に」「旧情報を前に」というルールがある。さらに、前に出した要素の直後に読点を打つと、読み手が読みやすくなる。

今度は、節の並べ方による「一読必解」の文を作るポイントを考えてみましょう。次の文を見てください。

・本案件は一〇〇万円を超える高額案件なわけですが、一般には競争入札が必要であり、今回のケースは緊急性がきわめて高いため、随意契約を探るなどの方策が必要なのではないでしょうか。

一見して読みにくい文だということがわかります。では、次の文はどうでしょうか。

・本案件は一〇〇万円を超える高額案件であるため、一般には競争入札が必要ですが、今回のケースは緊急性がきわめて高いため、随意契約を探るなどの方策が必要なのではないでしょうか。

格段に読みやすくなったことがわかるでしょう。構造を比較してみると、その秘密がわかります。

・「本案件は一〇〇万円を超える高額案件なわけです」が、「一般には競争入札が必要であり」、「今回のケースは緊急性がきわめて高い」ため、随意契約を探るなどの方策が必要なのではないでしょうか。
・「「本案件は一〇〇万円を超える高額案件である」ため、「一般には競争入札が必要です」」が、「今回のケースは緊急性がきわめて高い」ため、随意契約を探るなどの方策が必要なのではないでしょうか。

右の文は「〜が、〜であり、〜ため、〜ではないでしょうか」という構造を持つのにたいし、左の文は「〜ため、〜が、〜ため、〜ではないでしょうか」という構造になっています。右の文は接続助詞がバラバラで節同士の関係がわかりにくいのにたいし、左の文は「が」を中心に前後に分かれ、それぞれに「ため」が入るという構造になっています。つまり、左の文は「が」を軸に前後で対称性を有しているわけです。このバランスのよい文構造はパラレリズムと呼ばれ（篠田一九八六）、「一読必解」に欠かせないポイントです。

今度は、次の文を見てください。

・（消費税増税は問題であった。）消費税が増税されたことにより、個人消費に充てられる金額が減少した結果、消費者の購買意欲が減退したため、景気悪化が進んでしまった。

この文もわかりにくいです。しかし、次の文はどうでしょうか。

・（消費税増税は問題であった。）消費税が増税されたことにより、個人消費に充てられる金額が減少したが、消費者の購買意欲は減退しなかったため、景気悪化は進まなかった。

文の意味が変わっていますが、読みやすくなっていることは確かです。前の文は「～により、～結果、～ため、～しまった」となっています。つまり、すべての節が同じ順接なので、読みにくいのです。これにたいし、後の文は「～により、～が、～ため、～しまった」というパラレリズムが保たれ、順接と逆説がほどよく混ざっているため、読みにくくなりません。意味を変えずに前の文を読みやすくするとすれば、次のように二文に分けるのがよいでしょう。

・（消費税増税は問題であった。）消費税が増税されたことにより、個人消費に充てられる金額が減少した。この結果、消費者の購買意欲が減退し、景気悪化が進んでしまった。

さらに、もう一文見ておくことにしましょう。

・農水省は基準値を大幅に上回る残留農薬が検出された冷凍ホウレンソウの輸入を禁止する措置を公表した。

この文は、複雑な連体修飾節を含む文です。構造を示すと次のとおりです。

・農水省は「「「基準値を大幅に上回る」残留農薬が検出された」冷凍ホウレンソウの輸入を禁止する」措置を公表した。

このように三重の埋めこみ構造を持ち、かつ、どれも連体修飾節であるため、節同士の関係の見通しが悪くなっています。これを改善すると、次のようになります。

・輸入した冷凍ホウレンソウから基準値を大幅に上回る残留農薬が検出されたため、農水省は当該商品の輸入を禁止する措置を公表した。

・［［輸入した］冷凍ホウレンソウから［基準値を大幅に上回る］残留農薬が検出された］ため、農水省は［当該商品の輸入を禁止する］措置を公表した。

個々の節の長さが短くなっただけでなく、節の階層も浅くなり、連体修飾節だけでなく、「ため」を使っており、節間の関係が明確になっていることがわかるでしょう。

【表現の工夫⑫　「一読必解」できる節の並べ方】

・文内の節の並べ方を考えた場合、パラレリズムを保障し、前後のバランスのよい文にすること、同じ関係の節を多用しないこと、節の階層を浅くすることの三点を守れば、文が多少長くても、読み手が読みにくくなることはない。

なお、英語の場合、連体修飾節の文はあまり読みにくくなりません。それは語順の関係で、修飾される名詞が先に来て、名詞を修飾する内容の節が後に続くからです。その間には関係詞が入りますし、関係詞が省略されていても名詞の連続が見られるので、「これから名詞を詳しく説明する内容が来る」ということが予測できます。一方、日本語の場合、名詞の内容を説明する連体修飾節が先に来ますので、連体修飾節がどこから始まるか、わかりにくいのです。そのため、連体修飾節が始まる直前には読点を入れるとよいでしょう。先ほど読みにくいとした文も、読点があれば少しは読みやすくなります。

・農水省は、基準値を大幅に上回る残留農薬が検出された冷凍ホウレンソウの輸入を禁止する措置を公表した。

また、文の理解において、読んでいる途中で意味が変わったように感じられる文はわかりにくいものです。こうした文は心理学の世界で「ガーデンパス文（庭の小径文）」と呼ばれます。イギリスの庭の小径は迷路のように複雑で、すぐに行き止まりになり、そのたびにもとの道を引き返さなければならなくなるからです。次の文も「ガーデンパス文」です。

・東京スカイツリーは地上三三三メートルの高さを誇った東京タワーに代わる六三四メ

ートルの地上デジタル放送の電波塔として建てられた。

「東京スカイツリーは地上三三三メートルの高さを誇った」まで読んだ時点では、地上三三三メートルの高さなのが東京スカイツリーのように読めてしまいます。しかし、最後まで読めば、東京タワーであることがわかります。こうした試行錯誤は、読み手にわかりにくい印象を与えてしまうので、「ガーデンパス文」を避けるには読点の使い方がカギになります。次のように、意味の切れ目に読点を打てば、誤解は防げるでしょう。

・東京スカイツリーは、地上三三三メートルの高さを誇った東京タワーに代わる六三四メートルの地上デジタル放送の電波塔として建てられた。

【表現の工夫⑬　ガーデンパス文を防ぐ】

・読み手が「一読必解」できない、視線が行ったり来たりを繰り返すガーデンパス文を防ぐには、連体修飾節が始まる直前に読点を入れるのが有効である。

●情報の量――詳しく伝える「たっぷりキャラ」

筆まめキャラ――詳しく伝える「たっぷりキャラ」①

情報を質の面から考えると、正確さとわかりやすさの対立となります。一方、情報を量の面から考えると、詳しさと簡潔さの対立となります。長く詳しく書くことにも意味がありますし、短く簡潔に書くことにも意味があります。少なくともはっきりしていることは、長く詳しく書くことと、短く簡潔に書くことは両立せず、どちらかを犠牲にし、どちらかを選ぶしかないということです。

そこで、まずは短く簡潔に書くことを犠牲にして、長く詳しく書くことを考えてみましょう。長く詳しく書くメリットは説明不足にならないということです。短く簡潔に書かれると、情報不足で理解できないことがあります。

ＩＣＴメディアが発達した結果、文書による発信が手軽になり、一つひとつの文書にかける時間も労力も少なくなっている昨今、「言葉を尽くす」人が少なくなっていると感じます。言葉を尽くさないと、伝える力がどうしても弱くなります。効率重視の時代だからこそ、情報の力を強めるために、「言葉を尽くす」という気持ちが大事になってきます。

まず、次に示す、薬の服用法の注意書きを読んでみてください。

薬は、食前の薬、食後の薬、食間の薬に分かれます。
食前の薬は、食事をする三〇分ほどまえに飲む薬です。食後の薬は、食事が終わってから三〇分以内に飲む薬です。食間の薬は、食事と食事のあいだに飲む薬です。
薬は飲むタイミングを考えて、正しく服用することが大切です。

意味はわかりますし、必要な情報も書かれています。しかし、この注意書きはほとんど意味をなさないのではないでしょうか。読み手に訴えかける力が弱いからです。

まずは、「薬は、食前の薬、食後の薬、食間の薬に分かれます。」という予告文です。なぜ唐突に薬の分類が始まるかがわかりません。冒頭の部分は読み手の心構えを作るところです。読み手が興味を持てるように文章を開始する必要があるでしょう。たとえば、次のような予告文はどうでしょうか。

病院で処方箋をもらい、薬を受け取りに薬局に行くと、薬局でもらう白い袋に食前、食後、食間と書いてあります。食前、食後、食間の意味はご存じでしょうか。これは、食事との関係で決まる、薬を飲むタイミングのことです。

書き手と読み手のあいだに前提となる橋を架けることで、唐突感がなくなったことが実感できるでしょう。文章の冒頭部に書かれている内容を、私たちの現実の生活に引きつけることで、読み手が関心を持って読みはじめられるようになりました。

次は、「食前の薬は、食事をする三〇分ほどまえに飲む薬です。食後の薬は、食事が終わってから三〇分以内に飲む薬です。食間の薬は、食事と食事のあいだに飲む薬です。」という薬の説明です。ここには、薬を飲むときのルールしか書かれていません。しかし、私たちがルールを守る気持ちになるのは、なぜそのルールが存在するのか、その理由がわかったときです。私たちが赤信号で止まるのは事故を防ぐためですし、私たちがゴミを分別するのはゴミをリサイクルして再資源化するためです。同じように、なぜ薬の種類によって飲むタイミングを変えなければいけないか、その理由がわかれば、私たちは薬の服用のルールを守れるようになるでしょう。

そのためには、食前の薬、食後の薬、食間の薬にはどんな薬が多いのかという薬の種類と、なぜ食前、食後、食間というタイミングでその薬を服用するとよいのかという理由をきちんと示すとよいでしょう。食前の薬で示すと、次のとおりです。

食前の薬は、食事をする三〇分ほどまえに飲む薬です。食前の薬は、食欲を抑える薬や食物の消化・吸収を遅らせる薬など、食事への効果を狙ったものが多く見られます。

そして、最後の「薬は飲むタイミングを考えて、正しく服用することが大切です。」の結論です。これでも内容は理解できますが、それまでの内容を踏まえてこの結論に導かれるという流れを示すと説得力が増します。いわゆるダメ押しです。次のようになります。

このように、薬は食事との関係で効き目が左右されます。薬の効き目が最大限発揮されるように、薬は飲むタイミングを考えて、正しく服用することが大切です。

以上の説明をまとめると、全体として次のようになります。修正前と修正後で比べてみると、一目瞭然です。

【修正前】

薬は、食前の薬、食後の薬、食間の薬に分かれます。

食前の薬は、食事をする三〇分ほどまえに飲む薬です。食後の薬は、食事が終わってから三〇分以内に飲む薬です。食間の薬は、食事と食事のあいだに飲む薬です。

薬は飲むタイミングを考えて、正しく服用することが大切です。

【修正後】

病院で処方箋をもらい、薬を受け取りに薬局に行くと、薬局でもらう白い袋に食前、食後、食間と書いてあります。食前、食後、食間の意味はご存じでしょうか。これは、食事との関係で決まる、薬を飲むタイミングのことです。

食前の薬は、食事をする三〇分ほどまえに飲む薬です。食前の薬は、食欲を抑える薬や食物の消化・吸収を遅らせる薬など、食事への効果を狙ったものが多く見られます。

食後の薬は、食事が終わってから三〇分以内に飲む薬です。食後の薬は、効き目が強い薬に多く見られます。効き目の強い薬は、胃のなかで溶けて、胃壁を荒らしてしまいがちなので、それを防ぐため、胃に食べ物が残っている状態で飲むようにします。

食間の薬は、食事と食事のあいだに飲む薬です。食間は「食事のあいだ」と書きますが、食事と食事のあいだであって、食事中に飲む薬ではありません。食間の薬は、漢方薬など、効き目が比較的弱い薬に多く見られます。効き目の弱い薬は、食事をすると、食事と薬が胃のなかで混ざってしまい、効果が薄れてしまうからです。

このように、薬は食事との関係で効き目が左右されます。薬の効き目が最大限発揮されるように、薬は飲むタイミングを考えて、正しく服用することが大切です。

【表現の工夫⑭　言葉を尽くす】

・長く詳しく書くと、情報不足を防ぐことができる。さらに、言葉を尽くすことで、なぜそれが必要かなど、補足的な情報が得られ、読み手にたいする文章の訴求力が増す。

営業キャラ――詳しく伝える「たっぷりキャラ」②

長く詳しく書くのが得意な人は、相手を選んでそうしています。優れた書き手は、相手の理解に合わせて長く詳しく書くかどうかを決めているからです。

情報を伝えるときに大切なのは、書き手と読み手がどのくらいの共有知識を持っているかを意識することです。共有知識が多ければ、新たに加わった情報を伝えるだけで相手に伝わります。しかし、共有知識が少なければ、新たに加わった情報に加えて、それに関連する前提となる情報も共有しないと、読み手は理解できないのです。

【読み手との共有知識の多寡】

①同じ職場の同じ課の同僚ならば　……共有知識がきわめて多い
②同じ職場の異なる課の同僚ならば　……共有知識が多い
③付き合いの深い業者の担当者ならば……共有知識がそこそこ多い
④付き合いの浅い業者の担当者ならば……共有知識が少ない
⑤専門知識のない一般の顧客ならば　……共有知識がかなり少ない

小学校のＰＴＡで本部の会計を担当している人が、各学年の各クラスに二名ずつついる学級委員（保護者）にＰＴＡ会費の集金を依頼する文書を作成したとしましょう。その文面を次に示します。

学級委員のみなさま
　ご多忙のところ早速で恐縮ですが、ＰＴＡ会費の集金をいたしますので、ご協力、よろしくお願い申し上げます。

日時・場所　六月八日（木）七時半ＰＴＡ室集合

［当日の集金作業］

①ＰＴＡ室で集金箱とクラス名簿を受け取ります。
②各教室に移動し、各教室の前で集金を行います。
③集金終了後、ＰＴＡ室で開封し、金額の集計とクラス名簿への記入、領収書への記入捺印を行ってください。
④作業終了後、現金とクラス名簿を会計担当者に渡してください。
⑤記入捺印した領収書をもとの封筒に入れて、職員室前の各クラス担任のＢＯＸに投函してください。
⑥金額相違者および未納者には、その場で連絡をし、当日の午前中までに持参していただくか、振込をしていただくか（手数料は保護者負担）の確認をしてください。

流れはよくわかると思うのですが、実際に集金作業に携わる学級委員の方にとって、わからないところもあるのではないでしょうか。集金作業を一度でも経験したことのある経験者であれば、流れさえわかれば、あとは過去の記憶を思いだしつつで対処可能でしょう。したがって、この文書は経験者用の文面で、未経験者には説明が足りないと思われます。そこで、未経験者の立場に立つと、どんなことが気になるかを考えてみてください。私が考えて付け加えたものに傍線を引いて示してみました。

学級委員のみなさま

ご多忙のところ早速で恐縮ですが、ＰＴＡ会費の集金をいたしますので、ご協力、よろしくお願い申し上げます。

日時・場所　六月八日（木）七時半ＰＴＡ室集合

＊集金作業はかならず各クラス二名で行います。
＊学級委員が欠席の場合、代理人を立ててください。
＊会費は一児童あたり千円です。きょうだいがいる児童は、上の学年の児童が弟や妹の分も含めて持参します。

［当日の集金作業］
①ＰＴＡ室で集金箱とクラス名簿を受け取ります。
②各教室に移動し、各教室の前で集金を行います。
＊当日欠席などで、別の児童が持ってきた場合は、依頼された児童の名前を確認してください。
③集金終了後、ＰＴＡ室で開封し、金額の集計とクラス名簿への記入、領収書への記入捺印を行ってください。
④作業終了後、現金とクラス名簿を会計担当者に渡してください。
⑤記入捺印した領収書をもとの封筒に入れて、職員室前の各クラス担任のＢＯＸに投

函してください。

⑥金額相違者および未納者には、その場で連絡をし、当日の午前中までに持参していただくか、振込をしていただくか（手数料は保護者負担）の確認をしてください。

＊振込を選択された場合は「振込のお願い（別紙）」に必要事項を記入し、当該の児童の名前を封筒に書き、職員室前の各クラス担任のＢＯＸに投函してください。

かなりよくなりました。担当者の人数、児童一人あたりの金額やきょうだいがいる場合の措置、友達の分を持参した児童への対応、振り込みの手続きなど、暗黙の前提となっていた情報が加わりました。これで、未経験者でも対応できそうです。

しかし、マニュアルとしてこれでもまだ不十分かもしれません。社会経験が豊富な人、臨機応変な対応に慣れている人であればこれで十分でしょうが、社会経験に乏しい人、突然の対応に慣れていない人の場合、どうしてよいか、わからなくなるかもしれません。

ＰＴＡに参加する保護者は、多様な背景を持っています。したがって、人によっては、書き手の持つ常識が通用しないこともあるのです。そこまで考えて、常識的な対応を入れて作った文面は次のようになります。傍線部が新たに加わったところです。

学級委員のみなさま

　ご多忙のところ早速で恐縮ですが、ＰＴＡ会費の集金をいたしますので、ご協力、よろしくお願い申し上げます。

日時・場所　六月八日（木）七時半ＰＴＡ室集合

＊集金作業はかならず各クラス二名で行います。
＊学級委員が欠席の場合、代理人を立ててください。その際、代理人の名前と連絡先をもう一名の学級委員と本部会計までご連絡ください。
＊会費は一児童あたり千円です。きょうだいがいる児童は、上の学年の児童が弟や妹の分も含めて持参します。

［当日の集金作業］
①ＰＴＡ室で集金箱とクラス名簿を受け取ります。
②各教室に移動し、各教室の前で集金を行います。
＊当日欠席などで、別の児童が持ってきた場合は、依頼された児童の名前を確認してください。
＊学年ごとでなく、クラスごとに集めます。
＊児童の名前と封筒の名前が一致していることを確認して、封筒を集金箱に入れてください。
＊トラブル防止のため、その場で開封しないでください。
③集金終了後、ＰＴＡ室で開封し、金額の集計とクラス名簿への記入、領収書への記入捺印を行ってください。
＊児童ごとに金額を確認しながら開封してください。
＊開封作業はかならず二名で行ってください。

④作業終了後、現金とクラス名簿を会計担当者に渡してください。
＊その際、現金と、集計した合計額が一致することを、会計担当者に確認してもらってください。
⑤記入捺印した領収書をもとの封筒に入れて、職員室前の各クラス担任のＢＯＸに投函してください。
⑥金額相違者および未納者には、その場で連絡をし、当日の午前中までに持参していただくか、振込をしていただくか（手数料は保護者負担）の確認をしてください。
＊振込を選択された場合は「振込のお願い（別紙）」に必要事項を記入し、当該の児童の名前を封筒に書き、職員室前の各クラス担任のＢＯＸに投函してください。
＊保護者との調整の結果も会計担当者に逐次ご報告ください。

ここまですれば、相当程度のことには対処できそうです。読み手が経験者の場合、未経験者でも社会経験が豊富で慣れている人の場合、未経験者で社会経験も乏しく慣れていない人の場合で詳しさが変わってくるわけです。

ふだん、お客さまへの説明で苦労している営業担当者や販売担当者であれば、こうしたことはすぐにわかるでしょう。読み手との共有知識に思いを致し、自分の伝えたい情報だけでなく、その前提となる共有知識を埋めるように説明することが大事です。書き手にとって当たり前のことが、読み手にとって当たり前でないことは、よくあることなのです。

【表現の工夫⑮　読み手の知識に思いを致す】

・書き手と読み手の立場の異なりが大きいほど、書き手が当然だと考える前提を読み手が持たない可能性が高くなる。そこで、読み手の知識に思いを致し、足りない情報を努めて補わないと、肝心の情報さえも伝わらなくなる。

●情報の量―無駄を省く「すっきりキャラ」

合理派キャラ―無駄を省く「すっきりキャラ」①

私は短いメールが好きではありません。丁寧なメールを好み、長いメールを書くタイプなので、相手に短く書かれると、手を抜かれているような、自分が軽んじられているような気がするからです。

しかし、そうした感覚は業務上好ましくありません。私たちの業務で大事なのは、一人ひとりの作業時間です。作業が進むことと、仕事が進むことは連動しますが、メールを書くことと、仕事が進むことはまったく連動していません。メールをいくら長く書いても仕事にはならないのです。そのことは、私自身も頭では理解しているのですが、生理的に短いメールを受けつけませんでした。しかし、リモート環境で仕事をする時間が増えてから、短いメールのありがたさを身に染みて感じるようになりました。長いメールを書いていても、身体が持たなくなってきたからです。

短いメールは読むのが楽です。用件が一目でわかります。さらに、相手が短く書いてくれれば、自分も長く書く必要はありません。相手が長く書く人であれば、こちらも気を遣って長く書かなければというプレッシャーに襲われ、忙しいときはそれだけ気疲れしてしまいます。その結果、今では短いメールが来ると、むしろほっとするようになりました。

ビジネスライクという言葉がありますが、ビジネスメールはビジネスライクでかまいません。型にはまった短いメールで問題ないのです。仕事のメールだから、お互いのために効率よく処理できることが望ましいというメンタリティを共有することが大事です。とくに、部下を持つ人は短く書くように心がけたほうがよいでしょう。上司が長いメールを書くと、部下は長いメールで返さなければいけないからです。上司が残業していると、部下が残業をせずに先に帰るのが難しくなるのと同じ論理です。上司が率先して早く帰るほうがよいように、上司が率先して短いメールを書いたほうが部下は楽になります。

メールを短く書く方法には二つあります。一つは、書く内容を厳選すること、もう一つは、表現自体を短くすることです。ここで扱いたいのは前者、すなわち、書く内容を厳選することです。しかし、書く内容を厳選する場合、気をつけなければいけないことがあります。それは、内容を絞りこむセンスで、書き手が仕事のできる人かどうかが一目でわかってしまうということです。

長いメールの場合は、仕事ができる人か、できない人か、メールを一見しただけではわかりません。必要な情報が、長いメールの文面に埋もれてしまっているからです。また、長く書かれているメールは、読むのは面倒なのですが、何度か読み返せば、書き手の言いたいことはおぼろげながら見えてきます。このため、長いメールでは、よいメールと問題のあるメールの差がつきにくいのです。しかし、短いメールは、盛りこまれている内容の選び方で、書き手の仕事の能力が一目でわかってしまいます。これが、短いメールの怖いところです。

「合理派キャラ」を自認する人は、こうした短いメールの書き方が優れています。どんな職場にも、メールの文面は短くそっけないのに、仕事ができると評価され、信頼されている人がいるものです。そうした人のメールから学ぶことは、きっと多いはずです。そこで、私もそうした人のメールを分析してみました。その結果、わかったことは、そうしたメールは明確な型を有しており、必須要素がかならずそこに入っているという事実です。

次に挙げるのは、依頼文のメールの例です。

業務評価委員会委員各位

お世話になっております。○○課の渡辺です。

午前中の業務評価委員会において斉藤委員長より依頼のありました業務実績報告書等について関係書類をお送りします。
内容と表現の確認をお願いいいたします。

提出期限　六月一一日（月）
関係書類一　二〇二〇年度業務実績報告書
関係書類二　業務実績報告書関連資料一覧
関係書類三　二〇二一年度業務計画予定表

これだけの短いメールですが、依頼文に必要な要素はすべて入っています。必須要素は、①誰が、②何を、③何のために、④いつまでに、⑤どうする、です。

①誰が……業務評価委員会委員が
②何を……業務実績報告書の関連書類三点を
③何のために……上位会議に報告するために
④いつまでに……六月一一日までに
⑤どうする……内容と表現の確認をする

じつは、③「何のために」は、メールの文面には入っていません。それは、業務評価委員会が開催されたとき、委員会のなかで共有された内容だからです。委員がわかっている内容にわざわざ言及する必要はないという判断でしょう。このように必須要素さえ入っていれば、依頼メールとしては十分です。この①〜⑤は依頼文だからこのようになりましたが、案内文でも、報告文でも、この必須要素は、大きくは変わりません。

たまに意図不明と思えるメールを受け取ることがありますが、それは、この五つの要素のどこかが欠けており、「何をやればよいのか」「どこまでやればよいのか」「いつまでにやればよいのか」などが不明確になってしまっているからです。裏を返せば、メールを書く側が、メールを受け取った相手の作業の姿を想像し、どんな情報があれば作業ができるかを考え、過不足のない情報を提供するように心がければ、誤解のないコミュニケーションが可能になります。

【表現の工夫⑯　必須要素を網羅する】

・メールを送る場合、①「誰が」②「何を」③「何のために」④「いつまでに」⑤「どうする」といった基本情報が抜けていないかをチェックする。反対に、それ以外の情報は無理に入れないことで、大事な情報だけが的確に読み手に伝わるようになる。

このように、相手の作業をイメージするときに大事なことは「何をどうするか」ですが、それと同じぐらい大事なのは「何のためにするか」です。仕事ができる人であるほど、目的を大事にします。

クラウドソーシングで仕事を発注したとき、仕事のできない人は言われた作業をマニュアルどおりにやるだけですが、仕事のできる人は目的と作業内容の整合性を考え、作業のわからない部分を質問したり、作業の改善を提案したりします。しかも、その質問や改善提案が適切なのです。仕事のできる人は、発注者の目的に合わせた内容の成果物を作ろうとするからです。

たとえば、会合の文字起こし作業の依頼でも、目的によって文字起こしの仕方が異なります。その会合が社内の会議であり、文字起こしの目的が会議の議事録作成で、会議の大きな流れと最終的に決まった議題を記録すればよいだけなら、会議の内容を要約した「要約」タイプの文字起こしになります。その会合が現場の座談会であり、文字起こしの目的が社内報への掲載である場合、臨場感を残しつつも、読まれることを前提に「です・ます体」に統一したり言い間違いなどを直したりした「整文」タイプの文字起こしが必要でしょう。さらに、その会合が大学のゼミであり、文字起こしの目的が会話分析である場合、言い間違いはそのままに、「えっと」「あのー」「うーん」なども残し、沈黙の秒数なども記録した、音声に忠実な「素起こし」タイプの文字起こしでないといけません。文字起こし作業を依頼された、仕事のできるプロの作業者は、自分の文字起こしが発注者に最終的にどのように利用されるかを考えて、成果物を作成します。したがって、発注者は「何をするか」だけでなく「何のためにするか」を明確にして作業者に依頼する必要があるのです。

【表現の工夫⑰　作業の目的を伝える】

・作業者に作業を依頼する場合、「何をするか」という内容だけでなく、「何のためにするか」という目的も伝えて依頼するとよい。作業者が優秀であればあるほど、その目的に合わせて作業を行い、高い精度の成果物を納めることが期待できる。

効率派キャラ──無駄を省く「すっきりキャラ」②

メールを短く書く方法には、書く内容を厳選すること、表現自体を短くすることの二つがあると申しました。合理派キャラのところでは、書く内容を厳選する方法について詳しく述べましたので、この効率派キャラのところでは、表現自体を短くする方法について考えてみましょう。

表現という観点で人を二つに分けると、話すのが得意な人と、書くのが得意な人に分かれます。もちろん、両方とも得意だという人も、両方とも苦手だという人もいると思いますが、どちらかというと話すほうが、あるいは書くほうが得意と言えるでしょう。話すのが得意な人は短く書くことに向き、書くのが得意な人は長く書くことに向く傾向がありま す。ここでは後者、すなわち書くのが得意で、ついつい長く書きがちな人と、その改善法を考えてみたいと思います。

私が、自分が長く書くタイプだと自覚したのは、Ｔｗｉｔｔｅｒを活用するようになってからです。Ｔｗｉｔｔｅｒは一四〇字の字数制限があり、それを一文字でも超えると、投稿が受けつけられません。たとえば、次のような文章を作って入れたところ、一〇九字超過でした。

Deep Learningは非常に優秀で、データを入力すると、適切な判断を瞬時に返してくれるのですが、なぜそう判断したのか、その根拠が示されず、その判断の過程はブラックボックスです。
私が共同研究をさせていただいている富士通研究所は、判断の過程を可視化してくれる説明可能なＡＩ、Wide Learning™を開発しており、このたび、一般の人にも使える体験版を公開しました。
まだ公開したばかりで、あまり広く広報はされていないこのページで、どうぞ他の人よりも一歩先に、ＡＩの力を体感してみてください。
https://widelearning.labs.fujitsu.com

そこで、私は傍線を引いたあたりが冗長で、削減の余地があると考えました。

> Deep Learning は非常に優秀で、データを入力すると、適切な判断を瞬時に返してくれるのですが、なぜそう判断したのか、その根拠が示されず、その判断の過程はブラックボックスです。
>
> 私が共同研究をさせていただいている富士通研究所は、判断の過程を可視化してくれる説明可能なＡＩ、Wide Learning™を開発しており、このたび、一般の人にも使える体験版を公開しました。
>
> まだ公開したばかりで、あまり広く広報はされていないこのページで、どうぞ他の人よりも一歩先に、ＡＩの力を体感してみてください。
>
> https://widelearning.labs.fujitsu.com

それを、次のように直すことで、無事投稿することができました。

優秀な判断を瞬時に下すDeep Learningは、判断の過程がブラックボックスなのが弱点です。

富士通研究所は、判断の過程を可視化する説明可能なＡＩ、Wide Learning™の体験版を公開しました。

公開したばかりのページで一歩先に、ＡＩの力を体感してみてください。

https://widelearning.labs.fujitsu.com

こういう作業をすると、どの部分が情報の骨組みで、どの部分が装飾なのかの区別がよくわかります。装飾の部分をできるだけ削除することで、書き手の伝えたいことが、よりくっきりと浮かび上がります。

もう一つ、やってみましょう。やはり一三五字超過したツイートです。

人は、自分が生きている今という時代の流れに影響を強く受ける生き物だ。

大別すると、人は、時代の流れに寄り添う人と、時代の流れから離れる人の二つのグループに分かれる。

前者、すなわち時代の流れに寄り添う人には、新時代の到来に敏感に飛びつく人、時代の主流として堂々と歩む人、衰えゆく時代に必死でしがみつく人がいる。

後者、すなわち、時代の流れから離れる人には、時流にぽつんと取り残された人、時流に背を向けて生きる人、そして、新しい時流を自らの手で創りだす人がいる。

私は、一度きりの人生を歩む以上、新しい時流を自らの手で創りだす人でありたいと願う。


このツイートの特徴は、冒頭の文と結末の文が言いたいことであり、あいだに入っているものは、その例だということです。この構造がはっきりするように、ツイートを組み立て直してみましょう。

人は、時代の流れに影響を受ける。

時流に寄り添う人がいる。新時代の流れに敏感な人、時代の主流を歩む人、衰えゆく時代にしがみつく人。

時流から離れる人がいる。時流に取り残された人、時流に背を向けて生きる人、そして、新しい時流を自らの手で創りだす人。

私は、時流の創造者でありたい。


四段落のうち、真ん中の二段落が例示であることが明確になり、結果として冒頭の文と結末の文がより際立ち、書き手のメッセージがダイレクトに伝わるようになりました。先ほどの例のように装飾の部分を削除する方法もありますし、この例のように文章の全体構造を意識して、総合的に修正する方法もあるわけです。

いずれの方法も有力で、読み手が自分の文章をどのように理解するのか、その理解過程を思い浮かべながら、こうすれば読み手はもっと深く印象的に理解してくれるのではないかと、楽しみながら削れるとよいでしょう。校正が好きな書き手は、よい書き手と考えて間違いありません。

【表現の工夫⑱　Ｔｗｉｔｔｅｒで要約法を学ぶ】

・短く書くのが苦手で、文章がだらだらと長くなりがちな人は、Ｔｗｉｔｔｅｒでの発信がお勧めである。自分の書いたメッセージのどの部分が骨組みで、どの部分が装飾かの区別がつくようになるだけでなく、文章の全体構造を総合的に見る目が養われる。

第7章　感情のコミュニケーション

●感情の質──折り目正しい「しっかりキャラ」

「よそよそしさ」と「なれなれしさ」の対立

円滑なコミュニケーション、私たちがよく耳にする言葉です。もしコミュニケーションが円滑にいかず、一旦トラブルを抱えてしまうと、私たちはトラブル解消のために大きな労力を割かなければならず、さらに対処を間違えると取り返しのつかない事態を招きます。そこで、私たちは円滑なコミュニケーションを阻む要因を取り除こうと努めます。

私たちは、コミュニケーションの円滑さを損ねる大きな要因の一つに失礼な言葉遣いがあると考えており、失礼な言葉遣いにならないように敬語の使い方を学びます。しかし、ほんとうに私たちの敬語の使い方には問題があるのでしょうか。かりに敬語の使い方に問題があるとしても、問題は敬語の使い方だけなのでしょうか。

私自身は日本語の専門家ですが、日常のなかで、周囲の人の敬語の使い方に失礼さを感じることはあまりありません。むしろ、敬語の使いすぎに違和感を覚えることのほうがはるかに多い気がします。いくら私が専門家だからといって、そこまで気を遣って接してくれなくて大丈夫だから、と声をかけたくなることもしばしばです。

対人コミュニケーションを考えるうえで重要な理論に、ポライトネス理論（*ブラウン&レヴィンソン二〇一二）があります。ポライトネス理論では、人間には、周囲の人に干渉されず思いどおりにしたいという欲求と、他者との関係において周囲の人に好かれて親しくなりたいという欲求があると考えます。つまり、二つの矛盾する欲求を持っているわけです。前者は周囲の人との距離を遠ざける方向に働き、後者は周囲の人との距離を近づける方向に働きます。そのときに大事なのが、ポライトネスという概念です。ポライトネスは日本語では丁寧さと訳されますが、英語では礼儀正しいという意味と友好的という意味を含みます。つまり、礼儀正しさは人との距離を遠ざけ、友好的な親しさは人との距離を近づけるのです。日本語では、敬語とタメ口があります。敬語は礼儀正しさとして働き、タメ口は友好的な親しさとして働きます。つまり、人の欲求を満たし、人間関係を円滑にするのは、敬語のように丁寧にする方向と、タメ口のように敬語をなくす方向とがあるわけです。この点が、ポライトネス理論と日本の敬語理解の決定的な違いです。言葉を丁寧にすれば人間関係がよくなるというのは一面的なものの見方であり、敬語を外すことにも積極的な意味を認め、それもまた広い意味での敬意の表明なのだということをポライトネス理論は示しているわけです。

私自身は、ポライトネス理論を「よそよそしさ」と「なれなれしさ」の対立だと考えています。敬語を使うということは、話し手と聞き手の心理的な距離が遠いことを示すことですので、相手を尊重することになりますが、相手に「よそよそしい」と感じられるリスクが生じます。反対に、タメ口で話すということは、話し手と聞き手の心理的な距離が近いことを示すことですので、相手との仲間意識を高めますが、相手に「なれなれしい」と感じられるリスクが生じます。私たちは「よそよそしさ」と「なれなれしさ」のはざまで揺れながら、対人コミュニケーション活動を行っているのです。

【敬語の考え方】

・敬語を使うと、相手に敬意を示せるが、同時に関係が「よそよそしく」なる。敬語を外してタメ口にすると、相手との仲間意識を示せるが、同時に関係が「なれなれしく」なる。敬語を使うことにも、使わないことにも、長所と短所がある。

接客キャラ──折り目正しい「しっかりキャラ」①

ポライトネス理論における「よそよそしさ」と「なれなれしさ」の対立を強調したからといって、日本語において敬語が重要であることには変わりありません。そこで、ここではまず敬語の使用について考えてみましょう。敬語は、上下関係と親疎関係の二つが軸になっていますので、目上の人と親しくない人に使うのが基本です。「おっしゃる」「言われる」のような主語を高める尊敬語、「申す」「申しあげる」のような主語を低める謙譲語の二つが、敬語の代表的なもので、あとは丁寧語の「です」「ます」さえわかっていれば、敬語の基本は十分です。

一般の敬語使用で問題とされるのは、尊敬語「おっしゃる」＋尊敬語「〜れる」で「おっしゃられる」になるような二重敬語です。二重敬語は近年非常に多く使われているので、話すときにはさほど神経質になる必要はないでしょうが、文書に書くときは規範意識が強まり、間違いを指摘されることが増えるので、避けたほうが安全です。そうは言っても、尊敬語＋尊敬語はあまり問題にはなりません。むしろ、問題になるのは、謙譲語「申す」＋尊敬語「〜れる」で「申される」となるような誤った二重敬語です。この二重敬語が問題なのは、謙譲語と尊敬語の組み合わせとなることで、敬意の方向が矛盾することになるからです。「いただかれる」もそうですが、こうしたタイプの二重敬語には注意が必要です。

それに関連して、ビジネス文書を読んでいて気になるのが自敬表現です。

・作業のさいは、ご注意を読んでから始めてください。

・記事作成のさいは、事実関係をお調べするようお願いいたします。

「ご注意」というのは作業依頼者が作った注意事項のことです。自分が作った注意事項に

「ご」をつけるのは自分を高めることになります。「注意」で十分です。一方、「お調べする」は、相手の行為ですから尊敬語「お調べになる」を使わないといけません。謙譲語「お調べする」では相手を低め、結果として自分を高めることになります。いずれも失礼な敬語になってしまいます。

表現の工夫⑲　失礼になりやすい敬語】

・二重敬語は話し言葉では問題ないが、書き言葉では避けたほうがよい。とくに、「申される」や「いただかれる」のような謙譲語＋尊敬語の組み合わせは、読み手にたいする敬意を損ねる。また、自分の行為に敬語を使う自敬表現も注意が必要である。

敬語使用で、もし一つアドバイスするとすれば、それは特定形の活用です。尊敬語を作る方法と謙譲語を作る方法は次のとおりです。

【敬語の作り方】

・尊敬語の作り方は次の三つ。

①「れる／られる」をつける……例「食べる」⇒「食べられる」

②「お～になる」にする……例「食べる」⇒「お食べになる」

③特定形を使う……例「食べる」⇒「めしあがる」

・謙譲語の作り方は次の二つ。

①「お～する」にする……例「送る」⇒「お送りする」（「お食べする」は通常使わない）

②特定形を使う……例「食べる」⇒「いただく」

特定形は決まった形で、よく使う動詞にしかありません。だからこそ、特定形が使えると洗練された印象を読み手に与えることができます。いくつか例を挙げると、「飲む」は「食べる」と同じで「めしあがる」「いただく」です。「行く」「来る」は「いらっしゃる」「うかがう／まいる」ですが、「来る」は「いらっしゃる」以外にも「お出でになる」「お見えになる」「お越しになる」と多様です。「する」は「なさる」「いたす」、「いる」は「いらっしゃる」「おる」、「見る」は「ご覧になる」「拝見する」です。「聞く」は謙譲語のみで「うかがう／拝聴する」、「（了解の意の）わかる」の謙譲語は「かしこまる／承知する」、「（注文を）受ける」の謙譲語は「承る」です。「受け取る」は「ご査収する」「拝受する」で、「あげる」「もらう」「くれる」にたいする「差しあげる」「いただく」「くださる」もビジネスでは重要です。ちょっと変わったところでは、「住む」の尊敬語が「お住まいになる」、「着る」の尊敬語は「お召しになる」、「買う」の尊敬語は「お求めになる」となります。

表現の工夫⑳　洗練された敬語選択】

・敬語は、動詞を「れる／られる」「お～になる」にすることで尊敬語に、「お～する」にすることで謙譲語にできるが、「食べる」の尊敬語「めしあがる」や謙譲語「いただく」のような、特定形を使うことで、より洗練された印象を読み手に与えられる。

配慮キャラ―折り目正しい「しっかりキャラ」②

日本の社会生活において、敬語はたしかに重要なのですが、おそらく円滑なコミュニケーションを損ね、人間関係を悪くするもっとも大きな要因は自己中心的な言葉遣いでしょう。そうした自己中心性は副詞という品詞に表れやすく、事実、ビジネスにおいて副詞の使用が文書の印象に影響を及ぼすことがWide Learning™を使った調査で明らかにされています（浅井二〇二〇）。私がクラウドソーシングのＷｅｂサイトで見つけた例は次のようなものです。

・主にウェブ集客のテーマに沿った記事作成をお願いいたします。
・中国語の翻訳について記載があれば大体承認させていただきます。
・また、お仕事内容に慣れてきましたら随時昇給もございます。

「主に」とあると、「ウェブ集客のテーマ」を中心とし、それ以外の周辺的なものを含むと思うのですが、それがどこまでなのか、「主に」があることでかえって混乱してしまいます。

また、「大体」とあると、すべて承認されるわけではなく、一部は承認されないという含意が生じます。しかし、その基準が明確でなく、依頼された人がたとえ記事を作成しても、承認されるかどうかは発注者の胸三寸になってしまいます。

さらに、「随時」の昇給は、昇給ですので嬉しいのですが、定期昇給ではないので、その昇給の基準やタイミングも定かではありません。

このように、副詞がつくと文意があいまいになり、発注者の恣意的な判断で仕事の条件が左右されてしまうことになります。これは、文書のやりとりだけで受発注を行うクラウドワーカーにとって大きな負担です。

こうした書き手本位の自己中心的な姿勢が進むと、次のような副詞の使い方に表れてきます。次の例もクラウドソーシングのWebサイトの例です。

・誤字脱字がある、日本語がおかしいなどは当然否認対象とさせていただきます。

・前置きは不要です。せいぜい一言でお願いします。

「当然」という副詞には発注者の上から目線が垣間見えますし、「せいぜい」には「多くても」にはない優越感がにじみでています。いずれも副詞の不適切な使用であり、おそらくこれを見た受注希望者の多くは、こうした発注文書への応募を避けるのではないでしょうか。だとしたら、せっかくの発注がだいなしになるので、もったいないことです。副詞の使い方ひとつに書き手の真意が透けて見える。これは敬語の使用以上に注意が必要な盲点だと思います。

もちろん、副詞の使用は悪いことばかりではありません。相手を思いやるときに自然と出てくるのが副詞です。

・遠いところ、わざわざ足をお運びくださり、ほんとうにありがとうございました。
・せっかくお目にかかる機会をいただけたので、ぜひゆっくりお話がしたいです。

「わざわざ」「ほんとうに」「せっかく」「ぜひ」には、相手にたいする配慮の気持ちがあふれています。副詞を使うことが悪いわけではありません。どんな文脈で、どんな副詞を選んで使うかという書き手の力量が問われているのです。

【表現の工夫㉑　副詞に表れる気持ち】

・恣意的な裁量を含んだり、上から目線が感じられたりする、書き手の自己中心的な副詞の使用は文章の印象を下げる。一方で、相手を思いやる適切な副詞の使用は文章の印象を高める。副詞の選択には書き手の真意が表れるため、細心の注意が必要になる。

●感情の質――開放的な「わいわいキャラ」

タメ口キャラ――開放的な「わいわいキャラ」①

敬語は礼儀正しさとして働き、タメ口は友好的な親しさとして働くので、敬語を使わないことに書き手と読み手の距離を近づける働きがあること、しかし、敬語を外すことで読み手に「なれなれしい」と受け取られるリスクがあることはすでに述べたとおりです。

文末の述語に着眼すると、丁寧さの文体はおおよそ次の四つに分かれそうです。

【文末の述語と丁寧さの文体】

①**かなりフォーマル**……二重敬語や「ございます」体などがよく使われる
②**フォーマル**……尊敬語や謙譲語といった敬語がふつうに使われる
③**ややフォーマル**……丁寧語「です・ます」がベースの文体になっている
④**カジュアル**……「です・ます」がつかない文体になっている

④「カジュアル」は、チャットやＬＩＮＥなどで、ごく親しい同僚とのやりとりで使われることはあるでしょうが、通常のビジネス・コミュニケーションでは、①「かなりフォーマル」、②「フォーマル」、③「ややフォーマル」の三つのどれかを選ぶことになるでしょう。

　こうした文体の選択と連動するのが、メールの最初に書く宛名です。たとえば、私の場合、次のような宛名でメールが送られてきます。そうした宛名と、丁寧さの文体①〜④を結びつけると次のようになりそうです。

【宛名と丁寧さの文体の関係】

・石黒（圭）（国立国語研究所）教授……①
・石黒（圭）（研究情報発信）センター長……①
・石黒（圭）先生……②
・石黒（圭）さま／様／殿……②
・石黒（圭）さん……③
・宛先なし……④

教授」「センター長」といった肩書を使う宛名は①「かなりフォーマル」になるでしょう。とくに、「国立国語研究所教授」「研究情報発信センター長」という正式な名称だと公的な印象が増します。名字だけよりもフルネームのほうがやはり公的です。「国立国語研究所日本語教育研究領域代表・教授　石黒圭先生」のような組み合わせで来ることもあり、これがもっともフォーマルです。こうした書き方は、外部の方からの初めてのコンタクトでよく使われます。敬語は上下関係だけでなく、親疎関係の影響も受けます。互いのやりとりが増えれば、親しくなっていきますので、宛名の肩書を外したり名字だけにしたりするなど、次第に簡素になっていくのは自然なことでしょう。このように、当初は堅苦しかった肩書を少しずつ外していくことは、相手との距離を縮めていくことにつながる、ポライトネスの大事な一側面です。

「先生」「さま／様／殿」といった宛名は②「フォーマル」に相当します。ただ、この四つは一つひとつニュアンスが違うので、説明が必要でしょう。「先生」は私のような教員に使うのは自然なことですが、適用範囲が広いので、医師、弁護士、作家、漫画家、棋士、インストラクターなど、どこまで使うかは、その世界の慣習を観察しながら考えることになります。また、教員同士が互いをどう呼ぶかも難しいところです。私自身は「さま」か「さん」で呼びたいのですが、目上の方やさほど親しくない方を「さま」や「さん」で呼ぶのは失礼に当たるので、相手が自分の宛名や呼び方をどうするかを観察しながら、臨機応変に対応しています。「さま／様／殿」のうち、最近もっともポピュラーなのが「さま」です。「様」と漢字を使うと堅苦しく、「殿」を使うのは見下しているようで失礼なので、敬意と親しさのバランスが取れた「さま」が選ばれていると推察され、もっとも安全な選択肢です。

「さん」という宛名は③「ややフォーマル」に相当します。「さん」で呼びあえる関係であれば、かなり親しくなったことになります。上司や先生にたいしても、「さん」で呼べるのは風通しのよい組織の証拠です。また、「さん」で呼びあうことによって、組織自体がフラットになるという効用もあります。第2章で紹介した「心理的安全性」や「信頼感」のある組織では、お互いが「さん」で呼びあえる環境になっていると思われます。相手をどう呼ぶかというのは人間関係の基本であり、お互いの関係を規定するものです。その意味で、宛名の果たしている役割はけっして小さくはありません。

宛名なしは④「カジュアル」に相当します。宛名なしというのは、使っているツールにも関係しており、一対一のチャットやＬＩＮＥのやりとりでいちいち「○○さん」と呼びかけることはないでしょう。文字でのやりとりですが、実態はほぼ話し言葉だからです。話し言葉の場合、話し手と聞き手が交替しつつ連続していくもので、そこには明確な切れ目がありません。ですから、最初に宛名を書く必要がないわけです。一方、メールの場合、往復書簡になっているとしても、一通一通のメールは独立した文面ですので、そこにははじめと終わりが存在します。もちろん、メールがばんばん飛び交う状況になると、宛名はなくなる傾向にあります。直前のメールとの連続性が生じ、明確な切れ目が失われていくからです。もし宛名なしのメールが届いたとしても、失礼だと感じるまえに、相手のふだん使いのツールの影響や、相手の置かれている多忙な状況、メールのやりとりの連続性などに思いを馳せることが必要です。

【表現の工夫㉒　宛名に見る人間関係】

・宛名をどのように書くかで、文面の文体も、読み手との人間関係も決まる。上下関係、親疎関係を基準にしつつ、相手が自分をどう呼ぶかも観察しながら、良好な関係を築けるような宛名を選ぶ必要がある。

一方で、宛名の直後の書き手の名乗りも重要です。「お世話になっております」「ごぶさたしております」「初めてご連絡を差しあげます」などがなくても、名前がないのは失礼だと感じる人は少なくありません。

①「かなりフォーマル」では、「国立国語研究所の日本語教育研究領域に所属しております石黒圭と申します」のように、肩書を略さずに書き、名前もフルネームにし、「と申します」で締めるのが一般的です。②「フォーマル」では、「国立国語研究所の石黒です」のように、肩書は簡略化し、名前も名字だけとし、「です」で締めてよいでしょう。③「ややフォーマル」では、「石黒です」だけにしても問題ありません。大事なことは、相手の宛名、自分の名乗り、文面の文体に一貫性があることです。そこに一貫性があれば、書き手自身がどう見られたいかというキャラが読み手にははっきりと伝わります。

【表現の工夫㉓　宛名・名乗り・文面の一貫性】

・メールの文面では、丁寧さの文体の観点から、宛名・名乗り・文面の三者の整合性が取れるようにすることが、一貫したキャラ作りのために重要である。

対話キャラ―開放的な「わいわいキャラ」②

この原稿を書いているのは、将棋の藤井聡太七段のタイトル挑戦で盛りあがっている時期で、読者のみなさまが本書を手に取るときには、藤井七段が初タイトルを手にしているかもしれません。藤井七段にかぎらず、将棋のプロ棋士は私たちの想像をはるかに超える強さを持っており、一つの局面で数百手、数千手を読んでいると言われます。

しかし、アマチュア同士の対局で勝負を決めるのは「三手の読み」です。「三手の読み」は故・原田泰夫九段がアマチュアの棋士のために提唱した考え方で、「自分がこう指す。すると、相手はそれにたいしてこう指す。そこで、自分はこう指す」という三手先まで読んで次の一手を指すという三手一組がセットの読みです。これだけでアマチュアは十分に強くなれます。裏を返せば、アマチュアは三手も読んでおらず、自分の指したい手を深く考えずに指して、相手の鮮やかな反撃の手に「しまった」と思うことを繰り返しているわけです。

私たちがメールを送るときもじつはこの「三手の読み」が有力です。「自分がこう書く。

すると、相手はそれにたいしてこう書く。そこで、自分はこう書く」と考えることで、相手の対応を考える余裕が生まれ、コミュニケーション上のトラブルが激減します。

たとえば、遅刻の多い人にどのように伝えたらよいでしょうか。

・また遅刻ですか。もう九時を過ぎていますよ。

このように言っても、遅刻癖の抜けない人には効果は薄いでしょう。そうしたとき、「三手の読み」を使ってこのように展開すると効果的です。

A　今朝は何時に起きましたか。
B　八時ですけど。
A　そうですか。明日は七時に起きられるように、今晩は早く寝てくださいね。

Aさんの巧みなところは、Bさんに自身の生活習慣を省みさせている点です。Bさんは、生活習慣を振り返ることで、自分の置かれた状況を背景も含めて理解でき、これからの生活習慣に生かす心構えが生まれます。

この「三手の読み」を考えるようになると、相手とのやりとりの幅が広がります。たとえば、ある同僚に委員会の委員の就任を依頼しようとするとき、「このような状況だから、あなたしかいない。だから、引き受けてほしい」といきなり長いメールを書くのではなく、「このような状況だけれども、誰かいませんか」と相談し、相手の返事を待って「検討したけれども、やはりあなたしかいない。だから、引き受けてほしい」としたほうが、相手は背景も含めて理解でき、自分しかいないということが理解できるでしょう。

また、締め切りまでに原稿を書いてもらおうとするとき、「このようなスケジュールになっていますので、かならずこの日までに書いてください」と結論を相手に押しつけるのではなく、「私どものスケジュールはこのようになっていますが、そちらのスケジュールはどのようになっていますか」と一旦は投げ、相手の返事を待って「互いのスケジュールをすり合わせた結果、こうしたスケジュールでいかがでしょうか」と歩み寄りの提案をしたほうが結果的にうまくいくでしょう。

長く書きがちな人は、最初のメールにすべての用件を詰めこみすぎる傾向があります。そうすると、読み手は一度にすべての内容を理解するのに時間がかかりますし、内容を誤解したり、読み飛ばしたりすることが少なくありません。相手の理解能力を考え、順を追って理解してもらうことを考えるのが「三手の読み」です。

メールはやりとりのあるコミュニケーションであり、メールの往復運動のなかで用件を相手に一つずつ理解してもらい、最終的に合意を取りつけるようにすることが大切です。一本のメールにあらゆることを詰めこみ、一度で決着をつけにいこうとすると、かえって決着が長引きます。急がば回れで、二の矢、三の矢を用意した短いメールのほうが、読み手の負担が少なく、また確実な合意も引きだせます。

【表現の工夫㉔　三手の読み】

・メールはやりとりが基本であり、一本のメールにすべてを詰めこみ、一度で決着をつけにいかないほうがよい。メールの往復運動のなかで、背景の事情も含めて、相手に少しずつ理解を深めてもらい、最終的に合意にたどり着くプランニングが大事である。

●感情の量──慎重に迫る「じっくりキャラ」

感謝キャラ──慎重に迫る「じっくりキャラ」①

米国の心理学者トマス・ゴードンの提唱から生まれた、親のためのコミュニケーション講座「親業」から生まれた話し方技術に「あなたメッセージ（you-message）」と「私メッセージ（I-message）」があります。「あなたメッセージ」はあなたを主語とした話し方、「私メッセージ」は私を主語とした話し方です。この話し方はこれまで、家庭内のみならず、学校や職場でも実践され、一定の成果をあげてきました。

日本語のビジネス・コミュニケーションにおいて「あなたメッセージ」を「私メッセージ」に変えると、それだけで言葉は大きく変わります。とくに、きつい指示になりがちな上司の言葉が、穏やかな感謝の言葉に変わるのです。次の文は「あなたメッセージ」ですが、これを「私メッセージ」に書き換えるとどうなるでしょうか。

・関連する文献を調べておいてください。

「してください」というお願いだから丁寧だと考える人がときどきいますが、そんなことはありません。「してください」表現は命令とまでは申しませんが、少なくともお願いではなく指示です。あからさまな指示は角が立つことも多いので、使いすぎには気をつけたいものです。いろいろな直し方があると思うのですが、たとえばこんな表現にすると、印象が変わって見えます。

・関連する文献を調べておいていただけると〈助かります／ありがたいです／幸いです〉。

「あっ、この表現よく見る！」と思われた方は多いのではないでしょうか。たくさん使われているということは、それだけ理にかなっているわけです。細かいことを言うと、「いただけると」を「いただけたら」「いただければ」という「たら」「れば」にすると、さらに好感度が上がります（市江二〇二〇）。

【表現の工夫㉕　「幸いです」表現】

・「～ると／たら／れば」と「助かります／ありがたいです／幸いです」の組み合わせは「あなたメッセージ」を「私メッセージ」に変え、書き手の感謝の気持ちが表せる。

ただし、こうした言い方が失礼だと受け取られることもあります。とくに、「助かります」は比較的くだけた「私メッセージ」ですので、自己中心的に受け取られることがないわけではありません。「ありがたく存じます」「幸いに存じます」とすると、あらたまった感じになりますし、次のような別の発想も考えられます。

・関連する文献を調べておいて{いただけますか／いただけませんか／いただけないでしょうか}。

これは、厳密には主語はあなたなので「あなたメッセージ」ですが、日本語の場合、「あげる」「くれる」「もらう」という表現が発達しているので、それを入れるだけでも違います。「あげる」の敬語「差しあげる」は丁寧になりませんが、「くれる」の敬語「くださる」と「もらう」の敬語「いただく」を使うと私が恩恵を受けたという意味になりますので、「私メッセージ」に近くなるわけです。「くださる」「いただく」は対人的なやりとりで、相手がとった行動を示す動詞に積極的に組みこみたい表現です。

しかも、それを「いただけますか」と疑問文で聞くと、あなたの判断で選べることになるのもポイントです。そのため、言い切り文よりも疑問文のほうが感じよく響きます。「いただけませんか」と否定疑問文で聞くと、当然さ（当然だという語感）が下がり、より丁寧になります。それに「でしょう」を入れた「いただけないでしょうか」という否定疑問推量文で聞くと、恐る恐る確認している感じが出て、さらに丁寧になります。

【表現の工夫㉖　言い切り文よりも疑問文】

・言い切り文「してください」より疑問文「していただけますか」のほうが、相手に選択権があるのでより丁寧。否定疑問文「していただけませんか」や否定疑問推量文「していただけないでしょうか」は当然さが下がり、読み手にたいしてさらに丁寧になる。

もちろん、書き手が読み手よりもかなり上の立場であったり、「関連する文献を調べる」という作業が読み手のやるべき仕事であったりすれば、「いただけないでしょうか」とへり下るのはやりすぎになるので、バランス感覚は必要です。しかし、「してください」を使うと、やって当然というニュアンスや、ときには、なぜまだやっていないのかというニュアンスも含みます。「してください」は、じつは気をつけなければならない表現なのです。「私メッセージ」で語るということは、相手に感謝の気持ちを伝えるということです。「おかげで」「おかげさまで」という言葉もぜひ使いたい日本語です。「おかげで」という言葉を先頭に置くだけで、「おかげで～することができ、たいへん助かりました。ありがとうございます」という心からのお礼の気持ちを引っ張りだしてくれる働きがあります。

【表現の工夫㉗　「おかげで」表現】

・「おかげで」「おかげさまで」は、文の先頭に置くと、読み手にたいするお礼の気持ちを引っ張りだしてくれる働きがある。

奉仕キャラ—慎重に迫る「じっくりキャラ」②

ここまで何度も述べているように、長いメールはよいメールとはかぎりません。長いと読むのが負担になりますし、書き手が何を言いたいのかがわからなくなったり、大事なポイントが隠れてしまったりすることにもつながります。しかし、長いメールの効用もあります。長いメールは言葉を尽くすことにもなりますし、相手を尊重しているというメッセージにもなります。それだけでなく、長いメールは、自分の負担を重くすることで、相手の負担を軽くすることにもつながります。自分が苦労することで相手の負担を減らすのが「奉仕キャラ」です。ここではその「奉仕キャラ」の特徴に焦点を当てましょう。

次のような内容のメールを受け取った場合、どのように返事をしますか。宛先は、あなたを含めて三〜四名であるとします。

・先方の着任日が一〇月一日に決まり、間がないので、来週のどこかで、受け入れ準備の打ち合わせの機会を持たせていただけますでしょうか。

全員にＣＣで、「二一日月曜日の午後の一部、二三日火曜日の午前、二四日木曜日の午後ならば大丈夫です。」と書くのも、自分の予定だけを優先させているようで気が引けます。だからといって、「調整さん」のようなスケジュール調整サイトを使う人数でもなく、先方も急いでいるようです。また、打ち合わせがどのぐらいの時間がかかるかもわからず、返事に迷うのではないでしょうか。こうしたメールは読み手にとって負担です。

そのため、読み手の気持ちを考えて、このようなメールにしてはどうでしょうか。

いつもお世話になっております。総務部の田中です。新任の担当者の着任のことでご連絡させていただきました。

先方の着任日が一〇月一日に決まり、間がないので、来週のどこかで、受け入れ準備の打ち合わせの機会を持たせていただけますでしょうか。

お手数ですが、以下の三つのなかで可能な日程に○をつけ、折り返しご返信をお願いできますか。

二二日月曜日の全体会議のあと、十六時から十七時
二三日火曜日の午前中、一〇時から一一時
二四日水曜日の一五時から一六時

もし全員のご都合がそろわなかった場合、再度調整させてください。よろしくお願いいたします。

これならば、このメールを受け取った側も、簡単に返信できます。自分のスケジュールを相手にさらすことも、自己都合だけをほかのメンバーに押しつけることもありません。打ち合わせの時間も一時間であることがはっきりしています。

自分のメールの文面を長くするということが、相手の返信の文面を短くすることにつな

がるならば、長いメールはけっして悪いものではありません。そもそも書き言葉は、書くほうが苦労すればするほど読むほうが楽になるものです。書くほうが楽をしようとするから、読むほうに負担がかかってしまうのです。自分が手抜きをして相手に負担をかけることがないように、メールを長く書く心がけが大切です。

【表現の工夫㉘　選択肢を示す】

・スケジュール調整などで、漠然と日を尋ねるのではなく、選択肢を示すようにすれば、読み手の負担を減らし、返事をしやすくすることができる。

●感情の量――自然体の「あっさりキャラ」

脳内キャラ――自然体の「あっさりキャラ」①

日本語には「です・ます体（敬体）」と「だ・である体（常体）」という二つの文末文体があると言われることがありますが、それは誤りです。細かい議論は小著（＊石黒二〇一八）に譲り、ここでは誤りだと考える根拠を三つ挙げておきます。

【「です・ます体」「だ・である体」二文体説の嘘】

①「です・ます体」と「だ・である体」の中間体が存在する。
②「だ体」と「である体」は別物であり、「だ・する体」はぞんざい体、「である・する体」は中立体である。
③体言止めの文体が考慮されていない。

①ですが、「です・ます体」と「だ・である体」は交ぜて使ってはいけないことはありません。もちろん、論文や新聞のように文末の統一が求められるジャンルもありますが、小説やエッセイでは使って問題ありません。ビジネスメールでも交ぜ書きはふつうに見られます。

ここで問題にしたいのは、②と③です。よく「です・ます体」が丁寧体、「だ・である体」が普通体と呼ばれます。しかし、普通体には二つあるのです。一つは「だ・する体」というぞんざい体、もう一つは「である・する体」という中立体です。「だ・する体」というぞんざい体は丁寧体と対立するもので、丁寧でないことを積極的に示しています。しかし、「である・する体」は丁寧体と対立するものでも、丁寧でないことを積極的に示すものでもありません。丁寧かどうかを考えない「丁寧さ非考慮」(＊野田一九九八)と言える文体です。

論文は「である・する体」で書かれます。理由は、論文が内容だけに注目してほしいジャンルだからです。偉い先生が書こうが、駆け出しの大学院生が書こうが、内容のよいものはよく、価値がないものは価値がないのです。誰が書くのか、誰が読むのかを考慮しない丁寧かどうかという判断から離れた文体が「である・する体」です。

この「である・する体」に似た性格を持つのが体言止めの文体です。私自身はそうした文体をナチュラル系雑誌で調査し、「点描《てんびょう》文体」と呼んだことがあります（＊石黒二〇〇七）。そこには体言止めばかりでなく、「日本語をみがく」のような動詞止め、「午後三時、ホテルに到着」という動名詞止め、「ゴミはゴミ箱へ」のような動詞の省略なども入ります。つまり、体言止めの文体は、日記、メモ、議事録、書籍の目次、家族の会話なども扱える文体であり、「脳内体」とでも呼べるようなものです。「です・ます体」の丁寧体、「だ・する体」のぞんざい体、「である・する体」の中立体、そして、そうした文末要素さえ失われた脳内体の四つの基本文体が存在すると考えるわけです。

じつは、この脳内体がよく使われるアプリがあります。ＬＩＮＥとＴｗｉｔｔｅｒです。もちろん、一人ひとりの書き手によるのですが、ＬＩＮＥの「了解」を縮めた「りょ」や「り」のような返答、Ｔｗｉｔｔｅｒの「腹減った」のような独り言には、もはや読み手への配慮は失われています。考えたことをただ言葉にしているだけです。そもそも私たちは脳内で思考するとき、「です・ます」をつけて考えません。おそらく助詞なども相当落ちてしまっているのではないでしょうか。私たちにとって、スマホが、あるいはＬＩＮＥやＴｗｉｔｔｅｒがあまりにも身近なものになってしまったので、脳内思考をそのまま書きだすようになっているのが現実のコミュニケーションの姿であり、こうした日常の生活習慣が、ビジネスメール等のやりとりにも影響を及ぼしているわけです。

したがって、敬語がないから失礼であるという考え方は、丁寧体とぞんざい体の区別しか知らない古い人の発想です。敬語がない話し方は、相手意識のない、自分の脳内思考の自然な発露だと考えれば、それほど失礼なものではありません。親しい仲間同士で集まって、ブレイン・ストーミングをやっているようなものと考えればよいでしょう。

脳内体が出現しやすい環境は次のとおりです。

【脳内体の出現環境】

①書き手と読み手が親しい関係にある。
②書き手と読み手のやりとりが頻繁で、反応時間が短い。
③ＬＩＮＥやＴｗｉｔｔｅｒ、チャットなど短い文面が許されるツールである。

こうした環境で、いちいち丁寧に応対していたら面倒で、きりがないと考えるのは自然なことです。私たちが他者との信頼関係のなかで、できるかぎり思考のスピードアップを図ろうとするとき、相手への配慮という無駄は自然に削れるのです。

しかし、書き手と読み手がどんなに親しくても、究極的には別の人格です。「親しき仲にも礼儀あり」ということを忘れてしまうと、失礼になってしまうわけで、そのあたりのバランスの取り方がコミュニケーションの悩ましいところです。信頼感のあるコミュニケーションで大事なことは、対等な関係です。当初、脳内体であった相手が途中で丁寧体に変えた場合、自分だけが脳内体を続けていると、対等な関係ではなくなってしまいます。

コミュニケーションの理論に、アコモデーション理論（Communication accommodation theory）というものがあります。相手によって自分の話し方・書き方を調整する方法を大きく分けると、相手の話し方・書き方に近づける「収束」(convergence)、反対に遠ざける「乖離」(divergence)という二つの方向性があるとする考え方です。相手の話し方・書き方にあまりに無頓着だと、「収束」しそこねてしまい、信頼関係にひびが入りかねません。もちろん、「乖離」があるように、相手に合わせるだけがコミュニケーションではないのですが、相手の話し方・

書き方の変化に注意を払うこと自体は大事なことでしょう。

【表現の工夫㉙　相手の文面に注意を払う】

・人間のコミュニケーションは相手に合わせて調整し、相手のスタイルに接近することで円滑にしている面がある。相手の言葉にたいする観察を怠らず、相手が抱いている心理的距離間に思いを致す必要がある。

事務員キャラ——自然体の「あっさりキャラ」②

メールを書くとき、「お世話になっております」で始めて、「よろしくお願いいたします」で終わるようにしている人は少なくないでしょう。書いたメールを読み返してみると、最近は相手の人にあまりお世話にもなっていないし、このメールの文面では何もお願いしていないということに気づくこともあります。たとえ気づいたとしても、それはある種の社交辞令のようなものだからと割りきって、そのまま送信ボタンを押してしまいそうです。

私たちがメールを書くとき、用件から始めず、また、用件で終えず、用件を「お世話になっております」と「よろしくお願いいたします」のサンドイッチにするのはなぜでしょうか。それは、コミュニケーションの前提として人間関係があるからです。一本のメールのやりとりにしても、相手との関係を確かめ、それから内容を伝え、相手との関係を確かめて終わる。そうした人間関係のうえで伝達が成り立つと考えているからです。

しかし、そうしたことを一切考慮せずにメールを送ってくる人が私の周囲にはいます。在宅勤務をしていて、在宅勤務報告書を添付ファイルで送ってくるのですが、文面は判で押したようにいつも同じで、じつに事務的です。

> 石黒センター長
> ○○です。
> 本日の在宅勤務報告書を提出します。

しかし、私に違和感はありません。その人の個性を知っていて、すでに慣れてしまっているからです。立場的には部下に当たりますが、見識の高い仕事のできる人ですし、人生の先輩でもあるので、私が目くじらを立てるようなことはありません。そもそも仕事としては、この文面だけで用は足りているのです。

この人もたまに違う文面で送ってきてくれることがあります。それがまた、私にとっての密かな喜びです。いつも遅刻してくる人がたまに時間前に来ると、それだけで嬉しいという心理に似ています。反対に、いつも早く到着する人が遅刻すると怒られたりしますし、いつも思いやりにあふれた文面でメールをくれる人が短い淡泊な文面をよこすとがっかりしたりもします。理不尽だと思いますが、これが現実です。

私たちは同僚とつきあうとき、その同僚の日々の勤務態度から「こういう個性の人だ」という固定した見方をするようになります。これがデフォルトです。デフォルトができると、それが基準となり、期待値となりますので、デフォルトが高い人はどうしても不利になります。ふだん駄目だと思わせておいたほうが、期待値が低くなるので、少しのがんばりが評価されるようになります。もちろん、日々手を抜くようにと申すつもりはありませんが、ふだんから落ち度がないように努力しつづけるのはしんどいものです。そのことがかえって自分の評価を下げてしまうことにつながるとしたらなおさらです。長く働きつづけるうえで、ふだんの評価を多少下げてでも、デフォルトは少し低めに調整するという計算はあってよいのかもしれません。無理もせず、背伸びもしない「自然体の私」で文章を書いてみてはいかがでしょうか。理想の文章はありません。あるのは状況や文脈、そして書き手の人柄に合った最適解だけなのです。自分らしいキャラの文章で日々勝負してよいのです。読者のみなさまが、ふだんリラックスすることで、ここぞというときに高いパフォーマンスが発揮できることを心から願っています。

【表現の工夫㉚　デフォルトは低めに設定する】

・日々の勤務態度がその人の評価の基準・期待値を決定する。そのため、がんばりすぎはかえって書き手の評価を下げるおそれがある。無理せず、簡素な自然体の文面を心がけるぐらいでちょうどよいこともある。

おわりに

Ｗｅｂを介した新しいコミュニケーション・スタイルが私たちの生活に入りこむたびに、私たちは右往左往します。Ｅメール、Ｆａｃｅｂｏｏｋ、Ｔｗｉｔｔｅｒ、ＹｏｕＴｕｂｅ、ＬＩＮＥ、Ｓｌａｃｋ、Ｗｅｂ会議システム……こうしたツールが出現するたびに私たちは振り回され、それに慣れたはずの今も戸惑いをぬぐい去れずにいます。

「メディアはメッセージである（The medium is the message.）」という言葉は、マーシャル・マクルーハンが残した有名なテーゼです。「Ｅメールの文面は怒っているように見える」「ＬＩＮＥの文の終わりに句点（。）があると冷たく感じる」「Ｗｅｂ会議での決定はリアルな会議の決定ほど重く感じられない」などは、いずれもこのテーゼの反映です。リモートワークが急速に普及したこの時代、私たちはマクルーハンのテーゼの重さをあらためて噛《か》みしめています。

しかし、私たちのコミュニケーションは、その姿をほんとうに大きく変えたのでしょうか。私自身は、コミュニケーションの本質は、昔も今もまったく変わっていないと考えています。たしかにデジタル・テクノロジーの急速な発展により、私たちの周囲にあるメディアは目覚ましい変化を遂げましたが、私たちが日々積み重ねるコミュニケーション活動において、その目的も、その相手も、その内容も、じつはほとんど変わっていません。変わったのは、メディアだけです。

しかし、社会はメディアが変わったことで、私たちのコミュニケーション活動が大きく変わったかのように錯覚させようと仕向けます。むしろ、私はそのことに強い危機感を覚えます。新しいメディアが登場したくらいで、人間のコミュニケーションの本質は変わらないし、また、変わってはいけないとも思います。

私たちの多くは、ふだんの仕事でディスプレイに向かって作業をしています。そして、同僚とのコミュニケーションさえもディスプレイに向かってする機会が増えました。しかし、ディスプレイのむこう側には、私の話す言葉を聞き、私の書く言葉を読む、血の通った人たちがいる。私たちはその人たちとしっかりとつながり、向きあい、協力してコミュニケーションを成立させている。そうした感覚を手放してはいけないと思うのです。その感覚を手放した瞬間から、私たちのコミュニケーションに血が通わなくなり、人間として私たちの一番大事なものさえも失ってしまう。そんな気がするのです。

本書は、ディスプレイのむこう側にいる人とのつながりを大切にするにはどうしたらよいか、Ｗｅｂ会議やビジネス文書のやりとりのなかで、その方法を形にするために書いたものです。本書をつうじて、読者のみなさまが、その方法を実践し、さらには自分なりに発展させることを心から願ってやみません。

本書を書くにあたり、小学館出版局の彦坂淳さんにはたいへんお世話になりました。神奈川県立横浜平沼高校の先輩である彦坂さんの強力な後押しがなければ、本書が日の目を見ることはけっしてなかったと思います。また、本書の草稿は石黒里美さん、岩崎拓也さん（国立国語研究所）、胡方方さん（洛陽師範学院）に目を通していただきました。お三方の的確なアドバイスに心から感謝申しあげます。

本書の評価は読者のみなさまお一人おひとりに委ねますが、少なくとも本書が扱ったテーマは今後ますます重要になることは疑いありません。デジタル・メディアは人間関係を冷たくしがちだと言われます。しかし、ディスプレイのむこうにいる人の姿に思いを馳せれば、人間性を育むコミュニケーション・ツールにもなりうる。本書の刊行がそんなことを考えるきっかけになることを願い、パソコンを閉じることにいたします。本書を最後までお読みいただき、ありがとうございました。

二〇二〇年六月　ＳＤＧ　　　　石黒　圭

参考文献

浅井達哉（二〇二〇）「第三章　受注される発注文書の条件　労働条件と説明文の関係は？」石黒圭編（二〇二〇）所収、三九〜五六頁

庵功雄（二〇一六）『やさしい日本語―多文化共生社会へ―』岩波書店

庵功雄（二〇一二）「『やさしい日本語』の理念と内容」『やさしい日本語を用いたユニバーサルコミュニケーション社会実現のための総合的研究』ＪＳＰＳ科研費ＪＰ二三二四二〇一三中間報告書（https://hdl.handle.net/10086/19320）

石黒圭（二〇〇七）『よくわかる文章表現の技術Ｖ 文体編』明治書院

石黒圭（二〇一〇）『スッキリ伝わるビジネス文書―「一読必解」21のルール―』光文社

石黒圭（二〇一六）『語彙力を鍛える―量と質を高めるトレーニング―』光文社

石黒圭（二〇一七）『大人のための言い換え力』ＮＨＫ出版

石黒圭（二〇一八）『豊かな語彙力を育てる―「言葉の感度を高める教育」へのヒント―』ココ出版

石黒圭編（二〇二〇）『ビジネス文書の応用言語学的研究 ―クラウドソーシングを用いたビジネス日本語の多角的分析―』ひつじ書房

市江愛（二〇二〇）「第一〇章　条件表現の使用実態とその問題点　どの表現が丁寧な印象を与えるのか？」石黒圭編（二〇二〇）所収、一六九〜一八二頁

岩田一成（二〇一六）『読み手に伝わる公用文―〈やさしい日本語〉の視点から―』大修館書店

霍沁宇（二〇一七）「「三つの対話」を用いた読解授業に関する一考察―ある学習者の事例から見えるピア・ラーニングの盲点」『一橋大学国際教育センター紀要』八、四一〜五五頁（https://doi.org/10.15057/28740）

河合薫（二〇一八）「グーグルが見つけた『成功するチームの法則性』―一＋一が三にも四にもなる『魔法の空気』の作り

ル」『日経ビジネス』（http://business.nikkeibp.co.jp/atcl/opinion/15/200475/010500138/?P=3）

胡力方（二〇一八）『日本語上級学習者のピア・リーディング談話の多角的分析—発話機能と司会役の役割を中心に—』一橋大学博士学位論文（http://doi.org/10.15057/29748）

定延利之（二〇二〇）『コミュニケーションと言語におけるキャラ』三省堂

篠田義明（一九八六）『コミュニケーション技術—実用的文章の書き方—』中公新書

野田尚史（一九九八）「『ていねいさ』からみた文章・談話の構造」『国語学』第一九四集、八九～一〇二頁

ブラウン・P&レヴィンソン・S・C、田中典子監訳（二〇一一）『ポライトネス—言語使用におけるある普遍現象—』研究社（原著、Brown, P., & Levinson, S. C. (1987). Politeness: Some Universals in Language Usage. Cambridge University Press.）

文化庁文化審議会国語分科会（二〇一八）『分かり合うための言語コミュニケーション（報告）』（https://www.bunka.go.jp/seisaku/bunkashingikai/kokugo/hokoku/wakariau/index.html）

本多勝一（一九七六）『日本語の作文技術』朝日新聞社

Kobayashi, H., & Hashiya, K. (2011). The gaze that grooms: Contribution of social factors to the evolution of primate eye morphology. Evolution and Human Behavior, 32(3), 157-165.（https://doi.org/10.1016/j.evolhumbehav.2010.08.003）

Rozovsky, Julia. (2015). The five keys to a successful Google team. (https://rework.withgoogle.com/blog/five-keys-to-a-successful-google-team/)

索　引

石黒　圭［いしぐろ・けい］

一九六九年大阪府高槻市生まれ。国立国語研究所教授・研究情報発信センター長、一橋大学大学院連携教授。一橋大学社会学部卒業、早稲田大学大学院文学研究科修了。博士（文学）。専門は日本語学・日本語教育学。文化庁文化審議会国語分科会委員、光村図書『小学校国語』教科書編集委員、小学館『例解学習国語辞典第十一版』編集委員。主著に『よくわかる文章表現の技術（全5巻）』〈明治書院〉、『文章は接続詞で決まる』〈光文社〉ほか多数。

編集：彦坂 淳
DTP：瞬デザインオフィス
校正：鷗来堂

リモートワークの日本語
最新オンライン仕事術

二〇二〇年八月　四日　初版第一刷
二〇二二年八月二七日　初版第二刷　発行

著者　石黒　圭
発行人　飯田　昌宏
発行所　株式会社小学館
〒一〇一－八〇〇一　東京都千代田区一ツ橋二ノ三ノ一
電話　編集：〇三－三二三〇－五一七〇
販売：〇三－五二八一－三五五五

印刷・製本　中央精版印刷株式会社

© Kei Ishiguro 2020 Printed in Japan
ISBN 978-4-09-825378-4

造本には十分注意しておりますが、印刷、製本など製造上の不備がございましたら「制作局コールセンター」（フリーダイヤル〇一二〇－三三六－三四〇）にご連絡ください。（電話受付は、土・日・祝休日を除く九：三〇～一七：三〇）本書の無断での複写（コピー）、上演、放送等の二次利用、翻案等は、著作権法上の例外を除き禁じられています。本書の電子データ化などの無断複製は著作権法上の例外を除き禁じられています。代行業者等の第三者による本書の電子的複製も認められておりません。

小学館新書
好評既刊ラインナップ

新・仕事力　「テレワーク」時代の新しい働き方

大前研一 375

テレワークや在宅勤務が拡大・長期化する中で、従来とは異なる仕事力が求められている。不安だらけの今こそ発想を転換し、自分のスキルを磨くべきなのだ——。世界的経営コンサルタントが指南する新しい働き方の教科書。

邪馬台国は別府温泉だった！

火山灰に封印された卑弥呼の王宮

酒井正士 376

「距離の単位は短里」、「上陸地は洞海湾」、「不彌国分岐説」——生命科学者である著者が科学的アプローチで「魏志倭人伝」の著作郎・陳寿が遺した“暗号”を解いた結論は……。日本史史上最大のミステリーを完全解読。

eスポーツ選手はなぜ勉強ができるのか

トッププロゲーマーの「賢くなる力」

すいのこ 377

プロゲーマーには、実は有名大卒の高学歴が多い。「勉強を頑張る力」と「ゲームで強くなる力」には相関がある——自身もプロゲーマーの著者が、「東大卒プロ」「1億円獲得プロ」ほか脳機能に詳しい医師にも取材。

リモートワークの日本語　最新オンライン仕事術

石黒 圭 378

なぜオンライン会議は疲れるのか？　リモートワーク時代の「理想のオンライン会議」「理想のビジネス文書」とは？　日本語研究の第一人者が、最新ビジネスコミュニケーションの技術を徹底解説。もうオンライン会議で悩まない！

金正恩の機密ファイル

城内康伸 373

朝鮮半島取材25年超の筆者は、独自ルートで約1400件超の機密文書を入手した。金正恩暗殺計画から朝鮮人民軍内申書、はたまた深刻な麻薬汚染や巷に現れたモヒカン男子への戒めまで。内部資料が照らす北の真実。

働き方5.0

これからの世界をつくる仲間たちへ

落合陽一 371

「コロナ」によって、我々の「働き方」は大変革を迫られた。AI、テクノロジーが進化する中で、人間がやるべき仕事とは何か——落合陽一氏のロングセラー『これからの世界をつくる仲間たちへ』をアップデートして新書化。